MBA
Master of Business Administration
の
経営戦略が
10時間で
ざっと
学べる

JN055281

KADOKAWA

はじめに

――激変の時代こそ、「戦略」が必要になる

経営戦略の定義はさまざまですが、一般的にいえば、次のようになります。

- **自分がなりたい姿（目標）を決めて、**
- **自分が置かれている外部環境を理解し、**
- **自分の内部環境（自分の能力や資源）を把握したうえで、**
- **あるべき姿に到達するための長期的・包括的なアクションを考えて実行すること**

端的にいえば、**何をすべきかを考えること**です。私たちは今していることが偶然うまくいっている間は「そんな面倒くさいことなど考えずに今していることを続ければいいじゃないか」と思いがちです。日本の高度経済成長期は、ある意味においてはそうでした。何をすべきかを考えるよりも、今していることを一生懸命やり切っていけば成果が出た幸運な時代だったのです。

ところが、**環境が大きく変化すると、企業は戦略なしには生き残れない**のです。実際この30年間、環境は大きく変化しました。

まず悪いトピックから始めると、バブルがはじけて高度経済成長が終わりました。その後もリーマンショック、東日本大震災、そして本書の執筆時点では新型コロナウイルスなど、想定を超える不確実な変

化が起きています。

　さらには少子高齢化、地球環境の悪化、貧富の格差などの社会問題が深刻化し、今までの資本主義（利益至上主義、成長至上主義、大量消費社会）に対する見直しが始まっています。

　一方、よい方向でも環境は大きく変化しました。最大の変化は **DX（デジタル改革）** です。誰もがスマホを所有しインターネットにアクセスできるようになったことで、私たちの生活は飛躍的に便利になり、企業にとっての事業機会も飛躍的に広がりました。特に、小さな企業や新しい企業でも大きな成果を上げることが可能になりつつあるのはすばらしいことです。

　もう１つの変化は、**私たちの価値観が進化していること**です。経済的・物理的な欲求を満たすことに焦点を当てた、古い資本主義的な価値観からの卒業です。私たちはすでに社会やコミュニティに貢献したい、そこで自己実現したい、地球環境を守りたいという、より高度な欲求をもつようになりました。

　このような変化の時代においては、過去の経験から同じことをしていては企業は生き残れません。戦略（何をすべきかを考えること）がますます重要になっています。

戦略は「問題解決の糸口」となる

　本書は経営戦略の入門書です。戦略がますます重要になりつつある今日、より多くの方に戦略を学んでいただきたいという思いで執筆しました。これから戦略を学ぼうと思っている方が最初に手に取る本を目指しました。

また、日頃ビジネスに携わるなかで「このままでよいのか？　ビジネスのあり方を考え直したほうがよいのでは？」と糸口を探している方、あるいは戦略は勉強したが、戦略の基本を折にふれて再確認したいという方に参照してもらえるよう、使いやすさにも気を配りました。

　私は早稲田大学および一橋大学のビジネススクール（経営学大学院）で10年以上経営戦略を教えてきました。その前は経営コンサルタントとして20年近く実際の企業の経営戦略立案のお手伝いをしてきました。本書は、その経験にもとづく入門書です。

　また、本書『MBAの経営戦略が10時間でざっと学べる』と、私の同僚である西山茂教授の『MBAのアカウンティングが10時間でざっと学べる』を皮切りに、早稲田大学ビジネススクールとして今後、同様の入門書をシリーズとして世に出していく予定です。

代表的なコンセプトやフレームワークをカバー

　本書は以下の点に考慮して執筆しました。
①経営戦略の入門書として代表的なコンセプト、フレームワークを体系的にカバーする
②網羅的ではあるが、重要な項目100項目程度に絞り込む
③1項目を数分で理解できるように、1項目に関して文章と図の2ページ見開きのフォーマットとする
④経営戦略にフォーカスを当てながらも、経営戦略以外の重要な項目に関してもカバーする
　・根底に流れる戦略的な思考法（PART2）、戦略観（PART3）
　・経営戦略の立案だけでなく実行（PART7）
　・近年の大きな環境変化が経営戦略に与える影響（PART9）

⑤単なるフレームワークの解説だけでなく、フレームワークを使う際の留意点、特に間違った使い方、陥りやすい罠に対して注意を喚起する

　本書をきっかけとして、皆さんが経営戦略に対して興味をもち、さらに深い学びへと一歩を踏み出していただければ、著者として本望です。

　2020年10月
　　　　　　　　早稲田大学大学院経営管理研究科　教授　菅野 寛

PART 3
戦略のタイプ

PART 4
環境分析

PART 5
事業戦略

PART 6
コーポレート戦略

PART 7
戦略の実行

PART 8
「知」と「イノベーション」

PART 9
「DX」と
「パラダイムシフト」

本文デザイン・DTP ／次葉
イラスト／平のゆきこ、大塚たかみつ
編集協力／高橋一喜

MBA management strategy

PART

1

経営戦略とは何か

ますます変化が激しくなる経営環境のなかで、今後、企業が生き残るにはどうすればいいか。どんな状況でも利益を出し、成長している企業には、必ずすぐれた「経営戦略」が存在します。本章では、経営戦略とは何か、そして経営戦略を学ぶ意義について見ていきましょう。

☐ 人生と同じように、ビジネスの成功には戦略が必要不可欠であること

☐ 経営戦略に必要な要素とポイントがわかる

☐ 変化の激しい今の時代こそ、経営戦略が重要である理由

01 / なぜ経営戦略が必要なのか

人生は「意思決定」と「アクション」の連続

なぜ戦略が必要なのでしょうか？ 戦略は企業の経営者だけに必要なものなのでしょうか？ ここではあえて、企業ではなく身近な「個人の人生」を例にとってみましょう。

あなたは自分の人生においてさまざまな意思決定・アクションを行う必要があります。たとえば……

・一人暮らしを貫くのか、パートナーと結婚／同居するのか？
・結婚／同居する場合、共働きか、どちらか1人が働くのか？
・どんな仕事に就いて、いくら稼ぐべきか？
・どこに住むのか？ 家は賃借するのか、購入するのか？
・子どもをつくるのか？ 何人？ いつ？ ……など。

経営も人生も「場当たり」ではうまくいかない

このような「論点」（意思決定・行動すべき事項）に対して、場当たり的に対応していては幸せな人生を築くことはできません。

・どんな人生を過ごしたいのか（**あるべき姿**）を考えて、
・自分が置かれている**外部環境**（例：労働環境）を理解し、
・自分の**内部環境**（自分の資源／能力。たとえば、手持ち資金や自分のスキル）を把握し、
・理想像に到達するためにとり得る**行動**のオプションを理解し、
・最適なオプションを選択し**実行**する。

このようなアプローチがまさに「戦略」です。したがって、戦略は経営のみならず、あらゆる局面において重要な考え方なのです。

では、戦略とは何なのでしょうか？ 次項で見ていきましょう。

望ましい「結果」を得るためには「戦略」が必要

 場当たり的な行動では……

望ましい結果は得られない

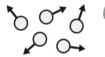

 なりたい自分になるためには……

あるべき姿を決めて、そこに到達できるように行動する

あるべき姿

 どんな行動をとるべきかを決めるためには……

外部環境を理解する

外部環境

自分にできることを理解する

内部環境（自己資源／能力）

自分がとり得る行動を見極める

正しい選択をするための「戦略」は仕事だけでなく人生でも重要

02 / 経営戦略を定義する 5つのキーワード

戦略とは「あるべき姿を達成するためのアクション」

経営戦略とは何でしょうか？　一般的には**「企業を取り巻く環境のなかで、企業があるべき姿を達成するために、自らの経営資源／能力を駆使して行う長期的、包括的なアクションの体系」**のことです。ここに、いくつか重要なキーワードがあります。

①あるべき姿（目標／目的：Goal ／ Objective）：自社が「こうなりたい」というあるべき姿をまずもつことです。そのうえで、現状の姿からあるべき姿にどうやったら到達できるかを考えます。

②外部環境（Environment）：自社がどんな環境に置かれているかを理解する必要があります。

③内部環境（経営資源／能力：Resources ／ Capabilities）：自社がもつ資源（ヒト、モノ、カネ）や能力を理解します。

④アクション（Initiatives ／ Actions）：把握した外部環境と内部環境（資源／能力）を勘案して、あるべき姿に到達するために何をすべきかを考え、実行します。

⑤長期的・包括的：場当たり的なもの、部分だけを見て全体観なく対処しているもの、長続きしないものなどは戦略とはいえません。

これらの要素が欠けているものは戦略ではありません。たとえば、目標がはっきりしないまま漫然と行っているアクション、逆に高尚な目標だけを掲げて具体的なアクションがはっきりしないもの、外部環境や自社がもっている経営資源の制約を考慮しない無謀なアクションも、経営戦略とは呼べません。

経営戦略は
「あるべき姿」から始まる

| 現状 | ➡ | あるべき姿
（目標／目的） |

HOW？
（どうやって到達するか？）

⬇

| 外部環境を
理解する
●機会（プラス要因）
●脅威（マイナス要因） | 内部環境（自分の資源／能力）
を理解する
●強み（プラス要因）
●弱み（マイナス要因） |

自分がとるべき長期的、
包括的なアクションを
「立案」して「実行」する

現状から「あるべき姿」に
どうやったら到達できるの
か、を考えるのが経営戦略

03 / 変化の速い現代こそ経営戦略が重要になる

「不連続な大変化」の時代

　現代の社会経済環境は **VUCA（Volatility 変動、Uncertainty 不確実、Complexity 複雑、Ambiguity 曖昧）** であるといわれます。

　その結果、従来では考えられなかったような **「不連続な大変化」** と **「破壊的変化」（Disruption）** が起こり、競争が激化しています。

　たとえば、あとから参入した小企業が先行する大企業を 凌駕（りょうが）することが可能になりました。宿泊施設の提供者と利用者をつなぐ Airbnb（エアビーアンドビー）は 2008 年創業ですが、既存の宿泊業者を 10 年で追い抜いて世界最大の部屋数を提供する企業になりました。

　また、身体に小型カメラを装着して動画を撮る GoPro（ゴープロ）も 2002 年に創業し、10 年で既存メーカーを抜いて世界のトップになりました（その後、ソニーなどの既存メーカーも巻き返しを図っています）。**いずれも数人の若者が起業して短期間で大企業を凌駕したのです。**

変化は脅威でありチャンス

　このような変化は脅威であると同時にチャンスでもあります。正しい意思決定・アクションをとれば遅れて参入しても、あるいは小規模な企業でも成功できるのです。

　しかしながら、VUCA の時代であるがゆえに、正しい意思決定・アクションを行うのはますます難しくなってきています。だからこそ「戦略」をしっかりともっておくことが重要なのです。

「破壊的変化」の時代

社会経済環境

V	変動	Volatility
U	不確実	Uncertainty
C	複雑	Complexity
A	曖昧	Ambiguity

破壊的変化（Disruption）

- 変化の方向性　：予測困難
- 変化の連続性　：不連続
- 変化のスピード：速い
- 変化の程度　　：大きい

後発小企業が先発大企業を破壊（Disrupt）する？

先発大企業		後発小企業
百科事典	⟷	Wikipedia（ウィキペディア）
ホテル、旅館	⟷	Airbnb（エアビーアンドビー）
タクシー	⟷	Uber、Grab、DiDi
ビデオカメラ	⟷	GoPro（ゴープロ）
⋮		⋮

04 / 「起業インフラ」が破壊的変化を可能に

「大企業は安泰」という時代の終焉

破壊的変化（Disruption）、つまり不連続な大変化や後発小企業による先発大企業の凌駕は、なぜ可能になったのでしょうか。

まずは大きなトレンドとして、❶規制緩和、❷グローバル化、❸デジタル化があります。その結果、インフラが整備され、小企業、もっといえば個人ですら、そのインフラを使って起業し、大企業と互角に戦うことが可能になったのです。

ここでいう「インフラ」とは、次のように整理できます。

①**情報**：インターネット、クラウドコンピューティングなどにより、情報の入手・処理・蓄積が飛躍的に安価・容易になった結果、個人／小企業でも必要な協力業者や顧客へのアクセスが可能に。

②**物流**：物流が進化し、個人／小企業でも世界中から部品を調達し、世界のどこへでも製品を届けることが可能になった。

③**ファンディング**：ベンチャーキャピタルやクラウドファンディングなどにより、個人／小企業でも事業に必要な資金調達が可能に。

④**ものづくり**：ものづくりが「すり合わせ型」から「組み合わせ型」に進化し、個人／小企業でも汎用品の組み合わせで高品質・低価格な製品をつくることが可能に（**9-04** 参照）。

⑤**技術**：3D プリンターが代表例。規模の経済を追求する大規模・集中型で事業を行わなくても、個人／小企業が小規模・分散型で高品質・低コストを実現可能な技術が汎用化。

これらの「起業インフラ」は今後ますます整備されていくでしょう。大企業であれば安泰という時代は終わったのです。

個人／小企業でも
大企業と互角に戦うことが可能な時代

メガトレンド

❶規制緩和　　**❷グローバル化**　　**❸デジタル化**

個人／小企業でもビジネスを起こすことが容易に

起業のための「インフラ」が整備された

①情報	●インターネット、クラウドコンピューティングなど ●情報の入手、処理、伝達、蓄積のコスト・時間の飛躍的減少 ●協力業者、顧客へのアクセス・組織化が容易に
②物流	●世界中どこからでも調達可能に ●世界中どこへでも配達可能に
③ファンディング （資金調達）	●ベンチャーキャピタル、クラウドファンディングなど ●個人／小企業でも資金調達が可能に
④ものづくり	●「すり合わせ型」から「組み合わせ型」に ●汎用品の組み合わせで高度な製品作成が可能に
⑤技術	●大規模・集中（規模の経済）から小規模・分散へ ●誰でも高度な技術が利用可能（例）3Dプリンター

> 個人／小企業にとっては大きなチャンス。大企業も安泰ではない

PART

2

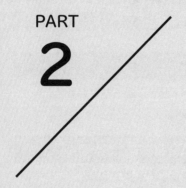

戦略的思考

経営戦略には、思考するための理論やフレームワークといった「道具」が数多く存在します。しかし、やみくもにそれらを使っても、「勝てる戦略」にはたどり着きません。「道具」を使いこなすには、戦略的な頭の使い方、つまり「戦略的思考」が必要なのです。

ここで学べること

☐ 戦略のスタートとなる「目的」の意味と設定法がわかる

☐ 競争に勝つための「差別化」が理解できる

☐「捨てる」ことと「集中する」ことの大切さ

☐ 戦略には「一貫性」が大事であることがわかる

☐ 戦略を考える際に必要な「論理的思考」について学べる

☐「論理的思考」だけでは成功できないことがわかる

01 / 戦略の「道具」よりも「頭の使い方」が重要

「理論」や「フレームワーク」だけではうまくいかない

　PART4 以降で、経営戦略の代表的な理論やフレームワークといった「個々の道具」を解説します。もちろん、個々の道具も重要ですが、その前にそれらを使うための「戦略的な頭の使い方」に関して、本章で考えてみましょう。

戦略的思考の6つのポイント

　PART1 で解説したように、戦略とは目的を設定し、外部環境、内部環境を理解し、目的達成のための行動を決めて実行することです。その際の頭の使い方として、本章では、特に次の点を解説します。

①**目的設定の重要性**（**2-02** 参照）
②**目的と手段を混同しないこと**（**2-03**）
③**差別化**（**2-04**、**2-05**）
④**前提を意識し、疑うこと**（**2-06**）
⑤**集中すること**（**2-07**）
⑥**一貫すること**（**2-08**）

論理的思考には限界がある

　さらに、本章の後半では、戦略的思考のベースとなる**論理的思考の概要**に関しても解説します（**2-09 ～ 2-13**）。
　また、論理的思考（左脳思考）の限界にも触れ、それを補完する別の思考法として**直感的思考（右脳思考）の重要性**に関しても最後に解説します（**2-14**）。

戦略的な
頭の使い方

戦略とは

目的を
設定する

戦略的思考のポイント

①目的設定の重要性を意識する
2-02
②目的と手段を混同しない。
　より上位の目的を意識する
2-03

外部環境を
理解する
＋
内部環境
（自社の資源
／能力）を
理解する

＊外部環境・内部環境分析
　に関してはPART4参照

アクションを
決めて実行する

アクションを考える際の
ポイント
③差別化 2-04 2-05
④前提を疑う 2-06
⑤集中 2-07
⑥一貫性 2-08

理論やフレームワークなど
「個々の道具」を使いこな
すために「戦略的な頭の使
い方」を身につける

02 ／ 目的＝あるべき姿を まずは設定する

　戦略とは「あるべき姿（目的）を決めて、そこに到達するアクションを考えて実行すること」です。したがって、「目的」の設定が出発点となります。ここではまず**「目的」「現状」「問題」「論点」「アクション」**という概念の関係を整理しましょう。

目的がなければ問題も定義できない

　身近な例で考えましょう。「太りすぎている」ことが問題だと思った場合、「いかにして痩せるか」が論点になります。そこで、運動や食事制限など痩せるためのアクションに飛びつきがちですが、これは戦略的思考とはいえません。

　まずは目的（ここでは自分の理想体重）を決めることが先です。理想体重と現状の体重の間にギャップがあって初めて「太りすぎ」という問題があきらかになるのです。つまり、**目的が定義できていなければ何が問題かもわからない**のです。

目的がなければアクションも決められない

　あなたがあるアクションをとるべきかどうかの YES ／ NO の意思決定はどうすればよいでしょうか？　当たり前ですが、あなたの目的の達成に役立つのであれば YES、そうでなければ NO です。

　したがって、**目的が定義できていなければ、個々のアクションの意思決定もできない**はずなのです。目的が曖昧なまま漫然とアクションをとっていると、結果を出すことはできないのです。

　目的を定義しないとどんな問題が起きるのか、次項で見ていきましょう。

戦略は「あるべき姿」へ向けて行動すること

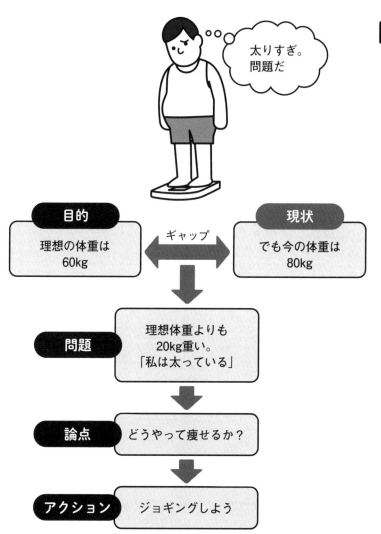

2
戦略的思考

太りすぎ。
問題だ

目的		現状
理想の体重は 60kg	←ギャップ→	でも今の体重は 80kg

問題 理想体重よりも 20kg重い。「私は太っている」

論点 どうやって痩せるか？

アクション ジョギングしよう

03 / 目的と手段を 混同してはいけない

「痩せる」は本当の目的か？

　戦略を考えるうえで重要なのが、**「目的」と「手段」を明確に識別すること**です。前項の「太りすぎ」の例で話を続けましょう。

①太っていることが「問題」であれば、痩せることが「目的」になります。

②したがって、「いかにして痩せるか」が「論点」になり、そのための「手段」（運動？　ダイエット？）を考えたくなります。

③その前に、そもそも何のために痩せたいのでしょうか。痩せることが最終目的ではなく、より上位の「目的」を達成するための「手段」として痩せたいのです。より上位の目的は何でしょうか？　健康になること？　あるいはモテること？　このように同じ「痩せる」という目的でも、まったく異なる目的が考えられます。

④目的が異なるのであれば、手段も異なるはずです。モテることが目的ならば、手段は痩せることよりもお金持ちになることかもしれません。そうだとすれば、太っていることは問題でなく、お金持ちでないことが問題です。その場合、お金持ちになるための手段を考えなければいけません。手段をより上位の目的と勘違いすると、間違った手段（アクション）をとる危険性があります。

　このように、**目的と手段を混同しない**こと、そして**より上位の目的を明確に意識する**ことは大変重要です。**目的が異なれば、何が問題かも、どんな手段をとるべきかもまったく異なる**からです。

より上位の
目的を意識する

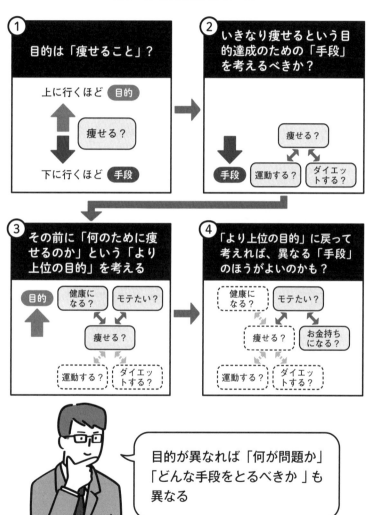

① 目的は「痩せること」？

上に行くほど **目的**

痩せる？

下に行くほど **手段**

② いきなり痩せるという目的達成のための「手段」を考えるべきか？

手段
痩せる？
運動する？　ダイエットする？

③ その前に「何のために痩せるのか」という「より上位の目的」を考える

目的
健康になる？　モテたい？
痩せる？
運動する？　ダイエットする？

④ 「より上位の目的」に戻って考えれば、異なる「手段」のほうがよいのかも？

健康になる？　モテたい？
痩せる？　お金持ちになる？
運動する？　ダイエットする？

2

戦略的思考

目的が異なれば「何が問題か」
「どんな手段をとるべきか」も
異なる

04 / 「差別化」は 経営戦略の根幹となる

同質化競争では儲からない

次章以降でさまざまな経営戦略の理論やフレームワークを紹介しますが、それらは何のために使うのでしょうか？　答えを先にいうと、**「差別化」**のためです。

差別化の反対語は**「同質化」**です。すなわち、競合他社と似たり寄ったりの製品・サービスを提供することです。競合他社と差がないのであれば、顧客がその製品・サービスを選ぶ理由がありません。そうなると価格を下げて顧客に選んでもらうしかありません。その結果、泥沼の価格競争が始まり、利益がほとんど出ない水準まで価格が下がってしまいます。

差別化に成功した「ダイソン」と「ルンバ」

これに対して、他社と違うからこそ顧客がその製品・サービスを選んでくれるという状態をつくる、すなわち**「差別化」することによって利益を確保するのが経営戦略の根幹**です。

たとえば、かつての掃除機はどれもこれも似たり寄ったりでした。ところが、英国のダイソン社は紙パック不要なサイクロン方式、吸引したゴミが外から見えるデザインなどの差別化を行い、消費者から「あきらかに違う。だからダイソンの掃除機を買う」という支持を得ることに成功しました。米国の iRobot 社のロボット掃除機「ルンバ」も明確な差別化により消費者の支持を得ています。

ただし、日本の家電メーカーがダイソンやルンバの類似品を市場に投入し始めたため、再び同質化競争に陥るかもしれません（模倣してくる競合への対応に関しては **5-13**、**5-14** 参照）。

「他社と違うことをする」 のが重要

外部の差別化 （顧客に対して）	内部の差別化* （自社の資源／能力）
顧客から見て他社 と違うことをする	自社内部で他社と 違うことをする
違うから顧客は 自社を選ぶ	顧客からは違いが見えな いが、同じ品質・価格で も、内部のオペレーショ ンが他社と違うので、コ ストが安い／高品質／対 応スピードが速い
価格競争に 巻き込まれない	
他社を上回る 売上・利益の確保	他社を上回る 売上・利益の確保

2
戦略的思考

*たとえば、セーター業界では染色済みの毛糸でセーターを編むのが主流 だったが、ベネトンは染色前の生成りのセーターを編み、あとから流行の 色に染色する方法を実現し、売れ残るセーターを減らすことに成功した

> 差別化ができなければ、価格 競争に巻き込まれ、利益が出 なくなってしまう

05 ／ 差別化は成功のための十分条件ではない

差別化は失敗する可能性が高い

前項で解説したように、差別化しないと同質化競争に巻き込まれてジリ貧に陥ることは間違いありません。かといって、差別化すれば必ず成功するという保証はありません。

差別化とは、他社あるいは今までの自社と違うこと、すなわち**自社が未経験の慣れないアクションをとる**ことです。慣れないことであれば、当然ながら失敗の確率は高いでしょう。実際、新規事業の大半は失敗します。

差別化は成功のための「必要条件」ですが「十分条件」ではないのです。ここが経営戦略の難しいところです。

利益を確保する5つの方法

経済学では、「完全自由競争」のもとでは超過利潤（正常な利潤を上回る利潤のこと）はゼロになるといわれています。完全自由競争とは、**①同質な製品・サービス、②プレーヤーが多数、③参入・撤退コストが低い、④企業間の資源／能力の移動コストが低い、⑤すべてのプレーヤーが情報にアクセス可能**、という条件のもとでの競争です。

したがって、この条件を崩すことによって利益を確保できます。差別化は、先の条件①あるいは条件④を崩す打ち手です。

その他、条件②を崩す打ち手として「独占化、寡占化」、条件③を崩す打ち手として「参入障壁の構築」、条件⑤を崩す方法として「情報の非対称性を構築する」があり、これらによっても利益を確保できます（PART4、PART5参照）。

同質化と差別化

	同質化競争は ジリ貧に至る道	差別化は必要だが、 リスクも高い
アクションを とると……	他社と同じこと をする	他社と違うこと、 過去の自社と 違うことをする
何が 起こるか	顧客から見て自社 を選ぶ理由がない	違うこと ＝未経験の慣れない こと、不得意なこと
	泥沼の価格競争	失敗する 可能性は高い
その 結果は？	利益は限りなく 減少	成功すれば利益を確 保できるが、失敗す れば利益が出ない！

2

戦略的思考

差別化は成功のための「必要条件」だが、「十分条件」ではない

06 ／ 「常識・前提」を疑って差別化する

「前提を変えたらどうなる?」と考える

　前項で差別化が重要であると解説しましたが、やみくもに他社（あるいは業界の常識）と違うことをしても失敗するだけでしょう。

　差別化を成功させるためには、①「なぜ他社（業界）ではXをやっているのだろう?　その前提は何だろう?」と前提を明確にしたうえで、②「その前提は本当だろうか?　その前提を変えたらどんな差別化ができるだろうか?」と考えるクセをつけることが有効です。

「前提」を変えたユニクロ、スタバ、ヤマト運輸

　たとえば、かつてのアパレル業界には「人間は他人と同じ服を着るのも、毎年同じデザインの服を着るのも嫌がる」という前提がありました。その前提に立つと、多品種少量生産、毎年のデザイン変更が必要になり、収益が悪化します。

　ユニクロはその前提を疑い、「万人がよいと思う服、流行に関係なくよい服が存在する」という前提に立ち、「万人のためのよい服」を大量生産し、良質なのに低価格な服を提供して成功しています。業界では年間1000枚売れたら成功といわれますが、ユニクロはフリースやヒートテックを年間2000万枚以上売りました。

　その他、「喫茶店はタバコを吸ってくつろぐ場所」という前提を変えた「禁煙カフェ」のスターバックス。「手間のかかる個人物流は利益が出ないので非営利団体の郵便局にしかできない」という前提を疑って宅急便を始めたヤマト運輸。これらも一例で、差別化するためには、業界の常識・前提を疑うことから始めるべきでしょう。

「前提」を変えた ユニクロ

2 戦略的思考

| | 一般的なアパレル企業 | → 前提を変える | ユニクロ |

前提

| **服は個性**
顧客は他人と同じ服を着ることを嫌がる | **服は流行**
顧客は同じものを毎年着ることを嫌がる | **ユニバーサルでベーシックな服**
性別／年齢／地域／文化／流行に関係なく、多数の顧客がよいと思う服が存在する |

打ち手

| 多品種少量生産 | デザインを毎年変える | 多数の顧客がいつの時代もよいと思う服にフォーカスして大量生産 |

結果

| 生産コストが高くなる 読みが外れると……
●売れ残り
●品切れ | 規模の経済により高品質なのに低価格 |

| | 多数の顧客が購入 |

| **収益悪化** | 収益向上！ |

業界の常識や前提を疑うことが他社との差別化につながる

07 / 「集中」して、他を「捨てる」

　経営戦略において、もう1つの重要な考え方は**「集中」**です。顧客や提供する製品・サービスを集中するという「外部の視点」からも、戦略に沿って自社の資源／能力を集中させるという「内部の視点」からも重要です（「外部の視点」「内部の視点」はPART3で解説）。

　多くの場合、①投入資源を増やしたほうが成果も上がるという正の相関関係があります。また、②組織は同じことを数多く繰り返して経験を重ねたほうがパフォーマンスは向上します（累積経験：**5-13**）。

　①と②の理由により、**1つの事業／製品／顧客に資源を投入し、経験を累積すべき**です。資源は有限なので、当然ながら対象を絞って集中する必要があります。さらに、組織の心理として同時に多くのミッションを与えると、意識が分散してどのミッションも達成できない危険性もあります。

他を捨てる／優先順位を下げる

　集中するためには、**他を「捨てる」（あるいは優先順位を下げる）ことが必須**になります。右図はファッション性にすぐれた服を手頃な価格で提供することで成功したZARAを例に、戦略に沿ってどのような顧客、商品、店舗、マーケティングに集中しているのかを整理したものです。

　同時に、集中するために何を捨てているか（あるいは優先順位を下げているか）に注目してください。もしZARAが優先順位の低いものに資源（ヒト、モノ、カネ）を割けば、本丸の戦略を徹底するための資源が不足し、本丸自体が崩れかねないのです。

他を捨てることで「集中」した ZARA

	集中するもの	捨てるもの （優先順位を下げるもの）
顧客	●若者、都会派、ファッション意識が高い ●ただし裕福ではない	●熟年層など ●流行を追わないタイプ
商品	●短期間で次々と新しい商品を出す ●手頃な価格	●品質／耐久性 ●流行に左右されない定番商品
店舗	●若者がアクセスしやすい都市の中心街	●ロードサイド店など ●ネット上の店舗
マーケティング	●店舗自体が広告塔（顧客に店舗に来て見てもらう）	●ファッション雑誌広告 ●ファッションショー

本丸　　こちらに資源を割くと本丸が崩れる

集中するためには
捨てるものを決める！

戦略的思考

2

08 / 戦略との「一貫性」が 強い会社をつくる

戦略にすべての要素を合わせる

ビジネスの各要素の戦略との**「一貫性」**も重要です。

たとえば、高品質・高価格という「プレミアム戦略」を採用するのであれば、顧客は高品質を求める層に限定し、製品も高品質にします。そのために、高品質な製品を提供できる能力（企画、開発、生産、販売などさまざまな能力があります）をもつ人材を採用・育成し、さらには組織やオペレーション、企業文化なども高品質な製品が提供できる形にする必要があります。こう書くと当たり前に思えるかもしれませんが、現実のビジネスでは大変なチャレンジです。

スーパーマーケット「オオゼキ」の一貫性

一例として生鮮食品スーパーのオオゼキの例を見てみましょう。オオゼキは「毎日料理をする専業主婦のニーズに徹底的に個別対応し、価格より顧客満足度で固定客をつくる」という戦略です。

そのような顧客が多く住む地域だけに出店し、徹底的な個別対応のために、業界常識の「本部による集中購買」は行わず、個々の店舗が自店の顧客ニーズを捉えて独自に仕入れます。何を仕入れるか、いくらで売るかなど、すべての意思決定を個々の店舗が独自に行うため、一律のマニュアルによる管理は行いません。業界の常識である「チェーンストア方式」を否定しているのです。マニュアルで管理しないので、アルバイトではなく正社員がメインで店舗を運営します。

このように、一つひとつの要素を徹底して戦略と整合させることで、**オオゼキは業界平均の2〜3%を上回る7%という高い収益率を達成**しています。

「一貫性」により高収益率を達成した
オオゼキ

戦略 毎日料理をする専業主婦のニーズに徹底的に個別対応し、価格より顧客満足度で固定客をつくる

要素

ターゲット顧客	●専業主婦 ●比較的裕福（中流階級以上）
立地	●上記のターゲット顧客が多く住む地域 　✓家族構成：夫婦（＋子ども） 　✓所得水準：中流以上
ターゲット顧客の行動・ニーズ	●毎日食材を買って料理をする ●徒歩または自転車でほぼ毎日買い物をする ●価格より、品質や自分の好みを重視
提供すべき商品・サービス	●一人ひとりの顧客のニーズに合わせて徹底的にカスタマイズした商品・サービス
仕入れ	●個々の店舗が自店の顧客ニーズに合わせて個別に市場に行って仕入れ ●集中購買は行わない
オペレーション	●個々の店舗がすべての意思決定をし、行動する 　✓仕入れの種類、数量、価格、販売価格など ●全店一律の「チェーンストア方式」ではない
人材	●全店一律のマニュアルがないため、「マニュアル通りに働く」人材ではなく「顧客を見て自分で意思決定して行動できる人材」を採用・育成する

09／「因果関係」を徹底的に考える

　ここからは戦略に必要な「論理的思考」の基本を見ていきましょう。論理的思考では**複数の事象の「関係性」を意識する**ことが重要です。代表的な関係性を解説します。まずは「因果関係」です。

「因果関係」を間違えるとアクションを間違える

　たとえば、調査により、①ある製品の消費者認知度が向上した、②その製品の販売量が増えた、という２つの事実が判明した場合、「認知度が上がれば売れる。売上を増やすために広告宣伝を増やそう！」と意思決定すべきでしょうか？

　２つの事象には「相関関係」はありますが、「因果関係」があるとは限りません。仮に因果関係があるとしても、どちらが原因で、どちらが結果でしょうか？　「認知度向上が原因で販売量向上が結果」という解釈も可能ですが、逆に「消費者がたくさん買うようになり、結果として消費者の認知度が向上した」、すなわち「販売量向上が原因で認知度向上は結果」という解釈も可能です。その場合は広告宣伝で認知度を上げても販売量は増えません。

　このように**相関関係と因果関係を混同しない**、また、**因果関係の原因と結果を間違えない**ことは重要です。

　どちらが原因で、どちらが結果であるかを確認する必要があります。たとえば、**①時間差の確認**。認知度向上、販売量向上のどちらが先に起こったのか？　あるいは**②消費者行動の確認**。先にこの商品の存在を知ったから、わざわざお店に行って買ったのか？　それとも、この商品を知らなかったが、たまたまお店の棚で見かけて買ったのか？　といったことを検討します。

相関関係と
因果関係

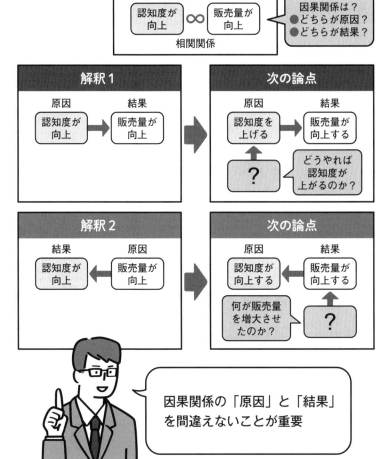

因果関係の「原因」と「結果」
を間違えないことが重要

10 / 対症療法ではなく、「根本原因」を治療する

より上位の「目的」、より根本的な「原因」

2-03 で「より上位の目的」の重要性を説明しましたが、同様に原因のさらなる原因、すなわち**「より根本的な原因」**の解明も重要です。

なぜならば、戦略とは長期的・包括的な打ち手の体系であり、短期的・部分的な効果しかない打ち手は戦略ではないからです。

対症療法では本質的解決にはならない

身近な例で考えましょう（右図）。発熱した場合、頭に氷枕を当てるという打ち手が考えられますが、これは「対症療法」にすぎません。「なぜ発熱したのか」という発熱の根本原因に対処しないと、再び発熱する危険性をはらんでいます。

なぜ発熱したのか？　体力不足だから？　なぜ体力不足なのか？　睡眠不足だから？　なぜ睡眠不足なのか？

このように**「WHY？　WHY？」を繰り返すと、根本原因により近づくことができます。**そのうえで根本原因に対処するのです。

「対症療法」と「根本原因の治療」を組み合わせる

ただし、必ずしも対症療法が不要というわけではありません。

たとえば、火事の場合、水をかけて火を消すという対処をしなければ延焼して家が燃え尽きてしまいます。対症療法も必要です。しかしながら「なぜ発火したのか」という根本原因を突き止めて手を打たないと、再び発火する恐れがあります。

発熱した
原因と対症療法

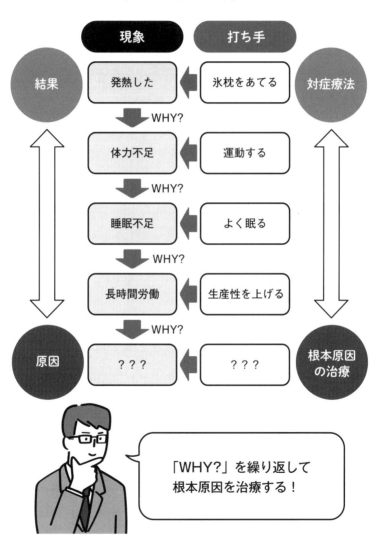

2

戦略的思考

「WHY?」を繰り返して
根本原因を治療する！

11 ／トレードオフを理解し、捨てるものを決める

ビジネスで求められる「捨てる勇気」

事象の関係性の話を続けましょう。複数の事象の関係が**「トレードオフ」**なのか**「補完」**なのかを混同しないことは重要です。

特にトレードオフの場合、**どちらかを捨てる**ことになります。捨てることができず、衰退する企業も多いのです。かつての日本の電機メーカーは、家電、通信機器、携帯電話など、何も捨てない「総合」電機メーカーを目指し、業績が下がってしまいました。

Uber（ウーバー）のようなライドシェア事業では、「大量の運転手が常に街を走っていないと呼んでもすぐ来ない」→「すぐ来ないと消費者は使わない」→「消費者が使わないと運転手をする人も少なくなる」という悪循環に陥らないために、初期から大量の運転手、大量のコールを確保するための大胆な先行投資が必要です。

ところが、先行投資すると当面は利益が出ない。**初期の大規模投資と初期の利益確保がトレードオフの関係になっている**のです。この場合は初期利益を捨てて規模を確立する必要があります。

イノベーションでトレードオフを解消する

一方、トレードオフの関係にある2つを両立させるイノベーションを起こすことが可能かもしれません。たとえば、コストと品質はトレードオフであると考えられていた1960年代に、日本企業は「累積経験」（**5-13**参照）というイノベーションによって低コストと高品質を同時に達成しました。

「どちらを取ってどちらを捨てるか」だけではなく**「トレードオフを解消できないのか」**も考える必要があります。

トレードオフなのか？補完なのか？

	トレードオフ (Trade-off)	補完 (Complementary)
関係性	A or B 両方を選ぶことはできない	A and B 両方が揃わないと機能しない
アクション	●どちらかを選ぶ（どちらかを捨てる） あるいは…… ●トレードオフを解消するイノベーションを起こす	●両方を実行する ●そのためには資源が必要

ケーススタディ　SUBARU：「捨てる」ことで成功！

トレードオフを理解し、果敢に1つを選んで他を捨てた成功例が乗用車メーカーのSUBARUだ。日本の乗用車メーカーで最小だったSUBARUは、限られた資源を複数の市場・事業に分散投入すればすべての市場・事業で競争に勝てない状況だった。資源制約からトレードオフの状況に陥っていたのだ。そこで強みが活きる北米市場に特化するために、車のサイズを米国仕様に合わせて大きくした。これによって日本向けのサイズを諦めたのである。また、軽自動車の自社生産を諦めた。その結果、北米市場で大成功し、トヨタを抜く利益率を稼ぐ企業に成長したのである（2019年3月期の売上高営業利益率：SUBARUは11.7%、トヨタ自動車は8.2%）。

12 ／ 事象を「要素分解」する

　次に事象の関係性の分解に関して考えましょう。代表的には「ツリー分解（因数分解）」と「MECE 分解」という方法があります。

ツリー分解（因数分解）

　右図上は「利益を増やす」という論点の**ツリー分解**です。利益は「売上－コスト」に分解でき、利益増のためには、売上増か、コスト減が必要です。次に売上は「価格×数量」に分解でき、売上増のためには、価格増か、数量増が求められます。一方、コストは「固定費＋変動費」に分解でき、コスト減のためには固定費減か、変動費減が必要です。これらと同じことを、数式を使って**因数分解**で考えることもできます。

MECE分解

　MECE（Mutually Exclusive and Collectively Exhaustive）とは、**抜け漏れもダブりもない**という意味です。問題を分解してその一つひとつを検討する際に、抜け漏れ・ダブりがあると見落としや混乱が起きるため、「MECE かどうか」を意識します。右図下の例で、MECE の留意点を解説します。

①軸を意識しないと抜け漏れが生じやすい（この場合は「雇用形態」という軸ですべてを考えないと「アルバイト」を見落とす）

②２軸以上を入れるときはダブりに注意する（勤務地という軸を入れると「在宅勤務」が他の要素とダブる）

③「全体」を定義した時点で全体の外を見落とす危険性がある（「労働力」と定義したので「外注」を見落とす）

「ツリー分解」と 「MECE分解」

ツリー分解（因数分解）

（例）いかにして利益を増やすか？

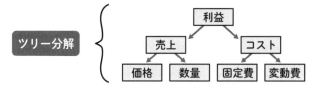

ツリー分解

利益 → 売上 → 価格・数量
利益 → コスト → 固定費・変動費

因数分解　利益↑＝（価格↑×数量↑）−（固定費↓＋変動費↓）

MECE 分解
（抜け漏れもダブりもない状態）

（例）いかにして自社の労働力を増やすか？

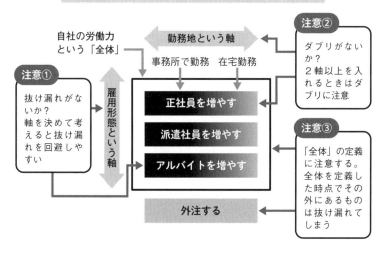

自社の労働力
という「全体」

勤務地という軸

事務所で勤務　在宅勤務

注意②

ダブりがないか？
2軸以上を入れるときはダブリに注意

注意①

抜け漏れがないか？
軸を決めて考えると抜け漏れを回避しやすい

雇用形態という軸

正社員を増やす

派遣社員を増やす

アルバイトを増やす

注意③

「全体」の定義に注意する。全体を定義した時点でその外にあるものは抜け漏れてしまう

外注する

13 / 論点→仮説→検証

「論点」を設定し、「仮説」を立て、「検証」することも、戦略的に物事を考える際の基本的な思考方法です。

正しい「論点」(Key Question)を設定する

論点は疑問文の形をとります。正しい論点設定が重要で、**最初の論点を間違えると、そのあとの作業が無駄になります**。2-03 の例では「いかにして痩せるか」よりも、その上位概念である「いかにして健康になるか」のほうが正しい論点でしょう。

調べる前に「仮説」を立てる

論点は疑問文なので答えが必要です。調べる前から最善の推測（Best Guess）で出す仮の答えが「仮説」です。

ここで重要なのは、「調べてから考える」のではなく **「調べる前に考える」** という思考方法です。現実のビジネスではいくら時間をかけても必要な情報が 100% 収集できることはないため、「不完全な情報をもとに仮でもいいから最善の推測で意思決定する」訓練が日頃から大切です。

仮説を「検証」する

現実世界では時間も資源も有限なので、すべてをシラミつぶしに調べることはできません。仮説が正しいかどうかの判断に必要なことだけに限定して検証を行います。その結果、仮説が正しければそれ以上調べる必要はなく、すぐに行動に移ればよいでしょう。仮説が間違っている場合のみ、次の仮説を構築してその検証を行います。

戦略的に物事を考える
3ステップ

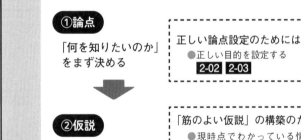

とりあえず調べてから考えようとすると……	調べる範囲
●何のために調べるのか ●何を調べるのか わからないので、すべてをシラミつぶしに調べてしまう	**?**

2

戦略的思考

①論点

「何を知りたいのか」をまず決める

正しい論点設定のためには
●正しい目的を設定する
2-02 2-03

②仮説

調べる前に仮の答えを考える

「筋のよい仮説」の構築のためには
●現時点でわかっている情報をベースに、わかっていない部分は論理的に推論する
●直感でよいので仮決めする

③検証

仮説が正しいかどうかを知るために必要最小限のことだけを調べる

調べる範囲

14 / 論理的思考と インサイト思考

ロジックには限界がある

本書の 2-09 ～ 2-13 で解説した論理的思考は重要な思考方法ですが、限界もあります。

競合が同じ情報にもとづいて論理的に考えると、競合も似たような戦略をとる可能性が高いのです。競合も類似戦略をとれば結局は差別化なき同質化競争に陥り、誰も儲からなくなります。

さらに、昨今は 1-03 で述べた VUCA の時代です。不確実性が高く、変化スピードが速い場合、論理的思考では情報不足で結論が出なくなり、思考停止に陥って戦略立案が滞る危険性があります。

直感とロジックを組み合わせる

経営戦略を考える場合、論理的思考だけではなく「インサイト」を組み合わせることが必要です。インサイトは**直感**、**ひらめき**、**洞察力**といった意味です。

前項で解説した論点や仮説は、まずはインサイトで設定するものです。いったん論点や仮説を設定すれば、そのあとはロジックで分解・検証できるでしょう。

差別化（**2-04** 参照）のヒントも論理的積み上げでは出てきません。まずはインサイトで思考のヒント・視点を見出して、そのあとにロジックでその視点の妥当性を検証するのです。

では、インサイトはどうやったら養えるのでしょうか？　右のワンポイントを参考にしてください。簡単にいうと、**①前提を疑うクセ、②逆張りを考えるクセ、③気持ち悪いという感覚を大切にするクセをつけること**が大切です。

左脳（ロジック）と右脳（インサイト）を使い分ける

2

戦略的思考

	〈限界①〉	〈限界②〉
論理的思考の限界	皆が同じ情報にもとづいて論理的に考える	環境が不確実で変化のスピードが速い
	↓	↓
	皆が同じ結論になり、同じ戦略をとる	情報不足で論理的推論ができない
	↓	↓
	同質化競争に陥り、差別化できない	意思決定できずに思考停止に陥る

インサイトと論理的思考	まずはインサイトを使う	差別化のための視点を考える（論理的積み上げでは出てこない）	論点・仮説を設定する（論理的積み上げでは出てこない）
		↓	↓
	そのあとにロジックを使う	アイデアの妥当性を検証する	論点・仮説の妥当性を検証する

ワンポイント インサイト（直感・洞察力）を磨く方法

①常に前提を疑うクセをつける 2-06
②二極性を意識し、自分がどちらに振れているかを考え、逆張りする
　（例）コストダウンと価格アップという「二極性」。利益向上のためにコスト
　　　　ダウンに振れているのであれば、価格アップができないかと考えてみる
③（論理的に説明できないが）何か気持ち悪い、あるいはなぜかイイ感じがす
　る、という感覚を大切にする。そこに何らかの糸口があることも多い

PART

3

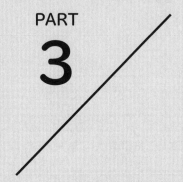

戦略のタイプ

「戦略」とひと口でいっても、その種類はさまざま。どのようなタイプの戦略観を採用するのか、どう組み合わせるのかによって、プロセスも結果も変わってきます。本章では、代表的な4つの戦略観を中心に紹介していきましょう。

01 / どの「戦略観」を選ぶか

4つの「戦略観」

PART1で解説したように、経営戦略とは「企業が目標を達成するために自らの経営資源／能力を駆使して行うアクションの体系」のことです。

戦略を考えるうえでいくつかの見方（戦略観）があり、どの戦略観をとるのか、あるいは組み合わせるのかを考える必要があります。本章では代表的な4つの戦略観を紹介します。

① **計画（Planning view）**：戦略の本質は目標に到達するため、組織を動かすための「計画」をつくって実行することである

② **創発（Emergence view）**：事前の計画よりも、そのとき・その場の環境に適応して行動し、その結果、成功パターンが事後的に生まれる（創発される）。それを昇華させるのが戦略である

③ **ポジショニング（Positioning view）**：戦略で重要なのは外部環境を正しく理解したうえで、自社が勝てる「ポジション」（立ち位置）を選ぶことである。なお、SP（Strategic Positioning）、SCP理論（Structure-Conduct-Performance）とも呼ばれる

④ **リソース（Resource-based view）**：戦略で重要なのは自社ならではの内部資源／能力を「強み」に昇華させ、「強み」に立脚した打ち手を考え実行することである。なお、OE（Organizational Effectiveness）と呼ばれることもある

4つの「戦略観」

戦略をどう見るか	キーワード	ポイント
①計画 → 3-02 3-03	事前の計画	目標達成のために自社資源・組織の人員を動かす計画をつくる
⬍		
②創発 → 3-02 3-03	事後の創発	そのとき・その場の対応によって勝ちパターンができあがる
③ポジショニング → 3-04	外部環境・立ち位置	外部環境を見極めて、自社の立ち位置を決める
⬍		
④リソース → 3-05	内部の資源/能力	自社の内部資源/能力を見極めて、勝てる打ち手を考える

3
戦略のタイプ

実際には、複数の戦略観を組み合わせて考えるケースも多い

02 / 事前の「計画」、事後の「創発」

戦略観には、戦略を事前の「計画」と考えるか、事後の「創発」と考えるか、という2つの見方（View）があります。

「計画」的戦略観——古典的な戦略観

戦略とは「目的を達成するための計画の立案と実行である」という古典的な見方です。右図上にあるように**「ビジョン・目的の設定→環境分析→計画の立案→実行」**というプロセスを踏みます。

「創発」的戦略観——ホンダのバイクの成功例

これに対して**「現実は計画通りに進まない。むしろ現実の活動のなかから戦略が生まれる（創発される）」**という戦略観が生まれてきました（右図下）。

よく紹介されるのが、ホンダの米国オートバイ市場での成功です。ホンダは1960年代に米国に参入し、50%を超える市場シェアを勝ち取りました。それまでは、オートバイといえばマッチョな男性が乗り回すものと思われていました。それに対してホンダは、①新しい顧客（一般消費者）に、②新しい体験（車よりも手軽に移動）を、③新しい製品（小型バイク）で、④低価格で提供する、という見事な戦略を事前に「計画」し、成功したように見えたのです。

ところが実際は、ホンダは米国で小型バイクが売れるとは思わず、当初は大型バイクで参入しました。大型バイクが売れず、たまたまホンダの小型バイクを乗り回す一般消費者を発見し、それを突き詰めた結果、事後に成功する戦略が生まれた（創発された）のです。

戦略とは？

計画である（Planning view）

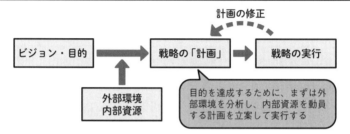

計画の修正

ビジョン・目的 → 戦略の「計画」 → 戦略の実行

外部環境
内部資源

目的を達成するために、まずは外部環境を分析し、内部資源を動員する計画を立案して実行する

3

戦略のタイプ

創発である（Emergence view）

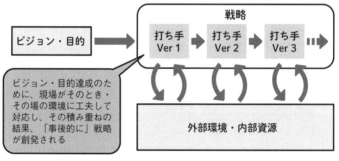

戦略

ビジョン・目的 → 打ち手 Ver 1 → 打ち手 Ver 2 → 打ち手 Ver 3 →

ビジョン・目的達成のために、現場がそのとき・その場の環境に工夫して対応し、その積み重ねの結果、「事後的に」戦略が創発される

外部環境・内部資源

「計画」的な戦略観は古典的な見方、「創発」的な戦略観は比較的新しい見方

03 / 計画と創発では、すべきことが異なる

　計画と創発の話を続けましょう。右図に2つの戦略観を対比して整理しました。

計画——事前に綿密な計画を策定

「戦略とは計画である」と考える場合は、トップ（CEOと本社スタッフ）が周到に外部環境を分析し、目的達成のためにいかに内部資源を活用すべきか、いかに組織の構成員を動員すべきか、という綿密な「計画」を事前に策定します。そのあとは策定した計画を現場が着実に実行し、本社が実行をモニターし、必要ならば軌道修正します。

　したがって、**①本社では優秀なCEOと少数精鋭のスタッフを育てること、②現場では実行力のあるスタッフを育てること**、さらに**③本社は現場での実行を管理する仕組みの構築と運用**が大切になります。

創発——現場の判断力・行動力を促す仕組みが不可欠

「戦略とは創発である」と考える場合は、現場がそのとき・その場の環境に対応して行動し、その積み重ねで事後的に戦略が「創発」されることを目指します。そのためには**判断力・行動力がある現場のミドルを育成し**、さらに**現場で迅速に行動が起こり**、それが**戦略に進化するための仕組みをつくることが重要**です。たとえば、現場に権限委譲する、必要な資源を現場に与える、本社は現場のプロセスには介入せず、結果だけを求めるといったものです。

　また、本社は現場で創発された勝ちパターンを見極め、それが全社レベルで再現されるような仕組みをつくることが大切になります。

計画と創発の違いと特徴

	計画 （Planning view）	創発 （Emergence view）
戦略とは何か	目的を達成するために、環境を分析する。次に資源・組織を動員するための計画をつくる。それを実行し、さらに修正していく	現場がそのとき・その場の環境に対応した結果できあがった（創発した）パターンを体系化し、強化してできあがるのが戦略
戦略はいつできあがるのか	**事前** 事前に外部環境と内部環境を分析し、計画を立案する	**事後** 現場の行動の結果として事後的に戦略が生み出される（創発される）
戦略は誰がつくるのか	**トップ** ●CEO ●本社の少数精鋭のスタッフ	**現場** ●事業部長 ●事業のミドル・マネージャー
戦略の策定・実行のプロセス	**トップダウン** 詳細な分析から勝ちパターンが見えてくる。それを着実に実行する	**ミドルアップ** 現場の試行錯誤から勝ちパターンが見えてくる。それを事後的に戦略に昇華させる
トップ・本社のやるべきことは何か	**計画の立案と実行の管理** 戦略をつくることそのものが重要な仕事。また計画通りに実行されるように管理する	**創発を起こす仕組みづくり** 現場から創発的に戦略が生み出されるための人材育成、権限委譲、組織づくり

3

戦略のタイプ

04 / 外部視点の「ポジショニング・ビュー」

ポジショニング・ビューとは、「戦略の本質は、外部環境の全体像のなかでの**自社の立ち位置（ポジション）を決めること**である」という戦略観です。立ち位置が決まらないと、どの顧客を狙うのか、誰と競合関係にあるのかも決められない、という考え方です。

マッピング――外部環境の全体像の把握

立ち位置を決めるためには、外部環境の全体像の把握（マッピング）が必要です（右図）。

たとえば、①顧客を分類し自社が狙う顧客を決めるための**顧客マップ**（マーケティングでは、この分類を「顧客セグメンテーション」、狙いを決めることを「顧客ターゲティング」といいます）。②どの競合とは違う立ち位置で競争を回避し、どの競合とは同じ立ち位置で競争するかを決める**競合マップ**。いずれも自社の立ち位置を決める「ポジショニング」です。

ポジショニング・アプローチが機能する前提条件

ポジショニングは「内部」の理屈ではなく、顧客に対して自社をどう位置づけるか、競合に対していかに違う立ち位置をとるかなど、「外部」の視点から客観的かつ相対的に自社を見る戦略観です。

ただし、環境変化のスピードがあまりにも速い場合は変化に対応したマップをつくることが困難になり、立ち位置を決めること自体に無理が生じます。

したがって、ポジショニングは、**マップ（外部環境）の変化が比較的穏やかで安定している場合に有効**なアプローチです。

ポジショニング・ビュー

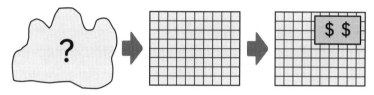

外部環境を
分析し……

全体を把握し……
地図をつくる
（マッピング）

自社が勝てる立ち
位置を探す
（ポジショニング）

3

戦略のタイプ

アパレル業界のポジショニングの例

	ファッション意識の高い若者？	アッパーミドルクラスの女性？	富裕層の女性？

流行の服を着る顧客

顧客セグメンテーション

顧客をタイプ分けする

 我が社は「マジョリティ」をターゲットとしよう！

流行に左右されない服を着る顧客

ファッションに関心がない層？	マジョリティ？	コンサバな紳士？

顧客ターゲティング

自社がターゲットとする顧客セグメントを決める

お手頃価格 高価格

05 ／ 内部視点の「リソース・ベースト・ビュー」

自社の資源／能力から発想する

前項のポジショニングによってよい立ち位置が見つかっても、そこで勝つためのリソース（内部資源／能力）が自社に備わっていなければ意味がありません。むしろ**「自社のリソースから戦略を考えるべきである」**というのがリソース・ベースト・ビューです。その意味では内部の視点です。

目に見える水面上では、企業がターゲット市場や投入製品などのポジションを決めて行動していますが、そのようなポジショニングを可能にしているリソースが水面下にあるはずです。

コアコンピタンスを磨く

そのリソースは他社と差別化されたものでなければいけません。すなわち、**コアコンピタンス（真の強み）**です。

まず自社のコアコンピタンスを見極めます。それは「我が社の製品は他社を凌駕している」というような表面的なものではありません。

その製品を強くしている真の強みは何でしょうか。技術？　その技術を生み出す人材？　その人材を活用する社内の仕組み？　突き詰めて考えることによりコアコンピタンスを見極め、さらに強化する努力を惜しんではいけません。

コアコンピタンスをベースに自社のポジショニングを決めれば、勝つ可能性も高くなります。結果としての強み（たとえば「強い製品」）とは違って、コアコンピタンスは環境が変化しても色あせることがなく、環境に対応して次々と新しい打ち手を生み出す源泉になり得ます（コアコンピタンスに関しては**4-12**で詳述します）。

リソース・ベースト・ビュー
「真の強み」を活かす

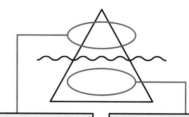

3
戦略のタイプ

ポジションとは
市場／製品などのマップにおいて自社が選択した立ち位置
●外部環境から発想する
●目に見えやすい

リソースとは
企業のポジショニングを可能にしている資源／能力
●内部資源から発想する
●目に見えにくい

リソース・ベースト・ビューの戦略

内部資源／能力をベースに差別化する。そのためには……

自社の真の強み（コアコンピタンス）を見極める　➡　見極めたコアコンピタンスをさらに強化する　➡　コアコンピタンスが活きるポジション（市場×製品）に出る（ポジショニング戦略に転換する）

コアコンピタンスとは……
●結果としての表面上の強みではなく、その結果を生み出している真因
●価値があり、希少で、他社が模倣しにくいもの

コアコンピタンスは環境が変化しても色あせず、新しい打ち手を生み出す源泉となり得る

06 / 4つの戦略観をいかに使いこなすか

それぞれの戦略観は対立概念ではない

一般的には「計画」と「創発」、「ポジション」と「リソース」はそれぞれ対立する戦略観と思われがちです。しかしながら、これはどちらが正しくてどちらが間違っている、あるいはどちらかを選択してどちらかを捨てる、というものではありません。

「現実は計画通りにいかない」という計画アプローチの欠点を補うためには、現場からの創発アプローチが必要です。逆に「現場対応の打ち手の寄せ集めでは戦略にならない」という創発アプローチの欠点を補うためには計画アプローチが有効です。

ポジショニング・ビューで特定したよい「ポジション」で勝つためには、リソース・ベースト・ビューで「コアコンピタンス」を磨く、あるいはリソース・ベースト・ビューで特定した「コアコンピタンス」が活きるよい「ポジション」をポジショニング・ビューで探す。つまり両者の間を行き来しながら戦略を進化させることが大切です。

戦略観が1つに偏っていないか?

このように4つの戦略観は対立概念ではなく、補完的な関係です。まずは「4つの戦略観がある」ということを念頭において、今の自分がどの戦略観に偏っているかを意識しましょう。

そうすれば、たとえば「今の自分はトップダウンの計画アプローチばかり試しているからうまくいかないのかもしれない。もっと現場の創発を起こしてみよう」、あるいは「どうも外の視点ばかり考えているが、もっと自社のコアコンピタンスに焦点を当ててみよう」というように、戦略を考える際に思考の幅を広げることができるでしょう。

4つの戦略観は
互いを補完し合う関係

	計画 (Planning view)		創発 (Emergence view)
ポイント	●トップダウン ●事前の計画		●ボトムアップ ●事後の創発
問題点	現実では予想外のことが起きる。トップが事前に考えた計画通りにうまくいくはずがない		現場の対応を単純に足し合わせても全体最適の戦略になるはずがない
解決策	トップダウンの計画を現場で実行し、現場から創発される打ち手を取り入れて計画を素早く軌道修正し続ける	補完	現場で創発された打ち手の全体像をレビューし、勝ちパターンの本質を見極めてトップダウンの計画に昇華させる

	ポジショニング (Positioning view)		リソース (Resource-based view)
ポイント	外部環境をマッピング →自社のポジションを決める		内部の資源/能力から発想 →コアコンピタンスを突き詰める
問題点	よさそうなポジションが見つかったとしても、そこで勝てる資源／能力がなければ成果は出ない		コアコンピタンスを見つけることができても、それが活きる場所（ポジション）がなければ宝の持ち腐れ
解決策	そのポジションで勝つためのコアコンピタンスを磨く	補完	コアコンピタンスが活きる場所（市場×製品）をポジショニング・アプローチで探す

4つの戦略観は対立概念ではない。補完的に戦略を進化させていく

07 / 「戦略観」は 進化していく

戦略観は「対立する戦略観」の出現によって進化する

4つの代表的な戦略観について見てきましたが、ここでは戦略観の歴史について補足しておきましょう。ある戦略観が確立されると、その戦略観の問題点を批判する形で対立する新しい戦略観が現れ、それによって進化してきました。4つの戦略観は、次のような歴史を経て確立されたのです。

① **「計画」**：経験と勘によって行われていた経営に対する批判として、「経営は合理的に考え、計画し、実行するべきだ」という考えが現れます。それに伴って「経営戦略」という概念が誕生しました。

② **「創発」**：ところが、「実際のビジネスでは計画通りには進まない。むしろ現場での対応の積み重ねから戦略が生まれる」という批判が現れます。「戦略とは創発である」という主張です。

③ **「ポジショニング」**：さらに、経済学の理論に裏打ちされた「戦略とは外部環境を分析して、完全自由競争を回避するポジションを選ぶことである」という新しい考え方が現れます。

④ **「リソース」**：これに対して「外部環境に偏重しすぎている」という批判が起き、「戦略とはむしろ内部資源／能力から発想すべきもの」という「リソース・ベースト・ビュー」が生まれました。

その他に押さえておきたい「戦略観」

本章で解説した4つの代表的な戦略観とは別に、「戦略とはプレーヤー間（企業−企業、企業−顧客など）の駆け引きである」と考えるゲーム理論的な戦略観（**5-20** 参照）、「ビジネスの本質は知の創造（イノベーション）である」という戦略観（**8-04**）も重要です。

戦略観の進化の歴史

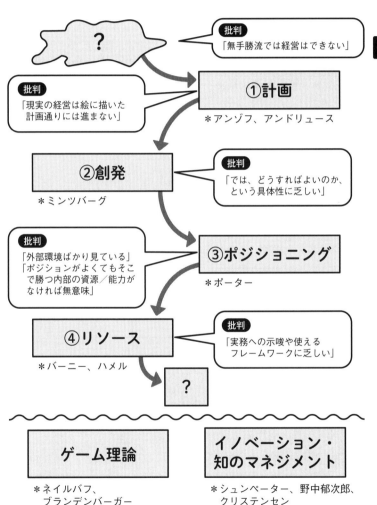

?

批判
「無手勝流では経営はできない」

批判
「現実の経営は絵に描いた計画通りには進まない」

①計画
＊アンゾフ、アンドリュース

②創発
＊ミンツバーグ

批判
「では、どうすればよいのか、という具体性に乏しい」

批判
「外部環境ばかり見ている」
「ポジションがよくてもそこで勝つ内部の資源／能力がなければ無意味」

③ポジショニング
＊ポーター

④リソース
＊バーニー、ハメル

批判
「実務への示唆や使えるフレームワークに乏しい」

?

ゲーム理論
＊ネイルバフ、ブランデンバーガー

イノベーション・知のマネジメント
＊シュンペーター、野中郁次郎、クリステンセン

＊代表的な提唱者

3 戦略のタイプ

08 / 事業戦略とコーポレート戦略

代表的な3つの「戦略の単位」

前項までは、さまざまな「戦略観」を見てきました。ここからは「どの単位で戦略を考えるか」という戦略の「単位」について整理しましょう。

①事業戦略：戦略単位は「事業」。事業とは特定の顧客グループに特定の製品・サービスを提供する単位です。戦略を考える主体は事業のトップです。

②コーポレート戦略：複数の異なる事業を営む「企業」（コーポレート）を単位として考える戦略。戦略を考える主体は企業のトップ（CEO）および本社スタッフです。

③エコシステム戦略：1企業を超えて、異なる業界の企業群、あるいは顧客群・個人群も巻き込んで、付加価値を生み出す大きな仕組み（エコシステム）をつくる戦略です。自社が、他企業・顧客が活動を行う土台（プラットフォーム）になる場合は「プラットフォーム戦略」ともいいます。

コーポレート戦略は「全社レベル」での論点が必要

個別の事業レベルでは、どの顧客にフォーカスするか、誰を競合と見なすのか、どんな製品／サービスを提供するかなどが重要な論点です。「事業戦略」に関してはPART5で解説します。

一方、複数の異なる事業を抱える企業の場合、個々の事業によって顧客・競合・製品／サービスが異なるため、全社レベルでは違う論点が重要になります。「コーポレート戦略」に関してはPART6で見ていきましょう。

戦略の単位

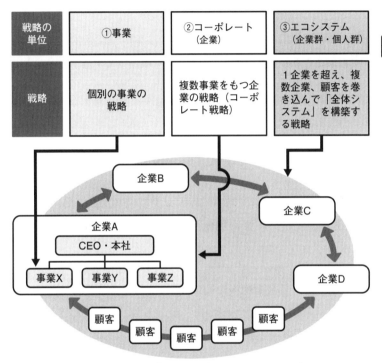

戦略の単位	①事業	②コーポレート（企業）	③エコシステム（企業群・個人群）
戦略	個別の事業の戦略	複数事業をもつ企業の戦略（コーポレート戦略）	1企業を超え、複数企業、顧客を巻き込んで「全体システム」を構築する戦略

3
戦略のタイプ

企業B

企業C

企業A
CEO・本社
事業X　事業Y　事業Z

企業D

顧客　顧客　顧客　顧客　顧客

エコシステム（全体のビジネスシステム）

自社が、他企業・顧客が活動を行う土台になる場合は「プラットフォーム戦略」という

09 / エコシステム戦略は「企業群」で考える

「外部環境」そのものを変えてしまう

事業戦略あるいはコーポレート戦略は、顧客や競合などの外部環境を自分では変えられない所与のものと考えます。

ところが、場合によっては1企業を超えて複数企業、さらには個人も巻き込んで外部環境自体を変える、すなわち、大きな「エコシステム」を自ら仕掛けてつくることも可能です。これを戦略の単位で見てみると、**「事業」→「企業」→「企業群＋個人群」**と、範囲が拡大していることになります。

システム全体で大きな付加価値を生む

従来の多くの企業間連携は、契約や支払を伴う「固い」関係でした。ところが、インターネットやスマホなどのデジタル改革により、**企業間・個人間の協業を簡単に低コストで行うことが可能**になりました。その結果、多数の企業が容易に参加／脱退を繰り返す、場合によっては契約や支払を伴わない、あるいは個人のような小さなプレーヤーを多数巻き込むなど、ゆるやかで常に変化し続ける協調関係の構築が可能になりました。これを**「エコシステム」**と呼びます。

たとえば、シリコンバレーもエコシステムです。シリコンバレーでは右図に示すように、多数のスタートアップ企業を取り囲んで、異なる付加価値をつけるプレーヤーが複雑に絡み合いながら協業・離散を繰り返しています。ミクロで見ると個々のプレーヤーの動きは動的ですが、マクロで見ると安定して成長しており、システム全体としては多くのイノベーションが起き、大きな付加価値を生み出しています。

エコシステム戦略とシリコンバレー

外部環境（他企業・顧客）に対する見方

事業戦略、コーポレート戦略

外部環境を所与と捉えて……

↓

戦略を考える

エコシステム戦略

外部環境（他企業・顧客）を組織化して……

↓

全体で価値を生むシステム（環境）をつくる

3
戦略のタイプ

（例）シリコンバレーのスタートアップ・エコシステム

大学・研究所 — 技術、人材 → スタートアップ企業

プロフェッショナル・サービス — サービス →

サポート・サービス ← サービス
コ・ワークスペース、インキュベーター、アクセラレーターなど

ファンド → 資金
ベンチャーキャピタル、エンジェル投資家など

大企業 → 資金、人材、事業機会

> ミクロで見ると個々のプレーヤーの動きは動的だが、マクロで見ると安定して成長しており、イノベーションや付加価値を生んでいる

10／戦略とオペレーションは表裏一体

一般的な関係性

本章の最後に戦略と実行（オペレーション）の関係を考えてみましょう。

一般に、戦略とオペレーションを分けて捉える考え方があります。「どの方向に進むのか」を決めるのが戦略であり、戦略が進む方向を決めたあと、「いかに速く進むか」を決めるのがオペレーションである、というものです。進む方向を間違えては元も子もないので、**「戦略が重要で、オペレーションは戦略に従う」**というわけです。

戦略とオペレーションの「要素」をすべて整合させる

この考え方は、計画（3-03 参照）あるいはポジショニング（3-04）の戦略観に偏りすぎています。

右図のように「計画」を立案しても、それを実行して成果を出すためには、プロセス、組織、責任・権限、評価・賞罰、組織能力、企業文化などの要素が揃っていなければ実行はできません。特に創発（3-03）あるいはリソース・ベースト・ビュー（3-05）では資源／能力など、右図下の要素が戦略的に重要です。

現実のビジネスでは右図すべての要素が重要です。どれか1つでも戦略と整合していなければ成果は出ないでしょう。

たとえば「A市場に注力する」という戦略なのに、A市場の攻略に資源を優先して配分していない、あるいはA市場で勝つために必要な能力がない、A市場に注力して成果を出した社員を高く評価する制度がないなど、戦略と個々の要素が不整合であれば、当然ながら組織は機能しないので成果は得られません。

計画を実行し、
成果を出すための「要素」

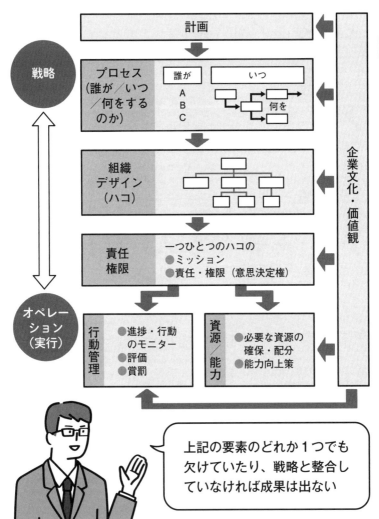

上記の要素のどれか1つでも
欠けていたり、戦略と整合し
ていなければ成果は出ない

PART

4

環境分析

あるべき姿（目的）を決めたら、次に自社が置かれている環境を分析する必要があります。外部環境と内部環境をそれぞれ分析するために大事な視点、そして分析ツールであるフレームワークの使い方を解説します。

01 / フレームワークは 考えるための「道具」

抜け漏れなく、効率よく考えられる

本章以降でさまざまな「フレームワーク」、すなわち「考えるための枠組み」を紹介していきますが、まずはその利点と欠点を理解し、使い方を間違えないことが重要です。

フレームワークの利点は、**どう考えてよいかわからず途方に暮れたときに、考えるためのガイドラインを与えてくれる**ことです。すなわち、重要な視点を抜け漏れなくチェックできるので、効率よく考えることができ、考えるスピードが向上します。

「穴埋め」に走ると思考停止してしまう

一方、フレームワークは考えるための「枠組み」なので、文字通り**考え方が「枠にはまって」しまう**という欠点があります。

たとえば、SWOT（**4-15**、**4-16**参照）というフレームワークは、さまざまな環境要因を①自社にとってプラスかマイナスか、②外部要因か内部要因かの2軸で構成される枠組みで考えると、頭が整理できて思考が前に進むはずである、という前提に立っています。

ところが、右図のように整理の軸は他にも多く考えられ、すべての場合にSWOTの2軸が最適とは限らないのです。本来ならば、自分が直面している固有の課題の解決にとって最適な軸を毎回、自分の頭で考えるべきでしょう。「環境分析といえばSWOTだ」と安易にSWOTの軸を使うのは、自分の頭で考えていないことになります。

フレームワークは考えるための補助手段であるはずなのに、「穴埋め」に走って、かえって考えなくなる。これは間違った使い方であり、**「フレームワークの罠」**といえます。

フレームワークの罠

> ## 思考が枠にはまってしまい、他の見方ができなくなる

あくまで1つの見方   他の見方はたくさんある

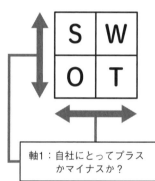

S	W
O	T

軸1：自社にとってプラスかマイナスか？

軸2：外部か内部か？

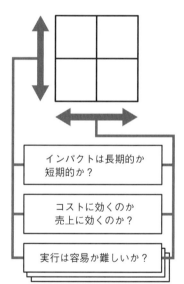

インパクトは長期的か短期的か？

コストに効くのか売上に効くのか？

実行は容易か難しいか？

> フレームワークはあくまでも考えるための補助手段。自分の頭で考えなくては意味がない

02 / 「整理・分析」が目的ではない

軸（視点）は毎回自分で考える

私は経営コンサルタントとして 20 年間、300 を超えるプロジェクトに携わりましたが、SWOT の 2 軸をそのまま使ったことは 1 度もありません。

また、業界の魅力度を分析するフレームワークとして有名なマイケル・ポーターの「5 つの力」（**4-06 ～ 4-09** 参照）では、5 つの軸を設定します。ところが、私が実際のプロジェクトで業界分析を行う際に、この 5 つの軸をそのまま使ったことは 1 度もありません。

毎回、異なる固有の経営課題を考えるうえでベストな軸を考えた結果、教科書に載っている軸とは違う軸にたどり着くのです。

「整理のための整理」「分析のための分析」になっていないか

フレームワークの「穴埋め」を行っていると、仕事をしているような気になり、穴埋め作業が完了したら仕事が終わったような錯覚に陥る危険性があります。

ビジネスにおいては、結果を出すことが最終目的です。結果を出すためには意思決定し、アクションを起こす必要があります。**整理・分析はそのための一過程にすぎません。**フレームワークの穴埋めは、単なる整理です。

キーワードは**「意思決定」**と**「アクション」**です。整理・分析を行った結果、どんな意思決定を行うのか、どんなアクションをとるのかを常に考えるクセをつけてください。それを行わずに、整理のための整理や、分析のための分析で終わっているのであれば、それは単なる「お遊び」といわざるを得ません。

フレームワークは「穴埋め」が目的ではない

「穴埋め」でタスクが完了したと思い込み、思考停止する

（例）SWOT

S：何が強みか
W：何が弱みか
O：何が機会か
T：何が脅威か

きれいに整理できた。
タスク完了！

×

4
環境分析

実は「考えること」は「穴埋め」のあとからスタートする

考える！

S：「強み」を使って成果を出すために…
W：「弱み」を克服するために…
O：「機会」を利用して成果を出すために…
T：「脅威」を克服するために…
➡ どんな意思決定をするのか？
➡ どんなアクションをとるのか？

具体的な意思決定・アクションにつながらない分析は、単なる「お遊び」

03 / 外部環境・内部環境を分析する

　PART1 で解説したように、経営戦略とは、①あるべき姿（目的）を決め、②環境を分析し、③そのうえでゴール達成のためのアクションを決めて実行することです。①の目的設定に関しては、PART2 で解説しました。本章では、②の環境分析に関して見ていきましょう。

分析するための「視点」

　ここでは、環境分析のための典型的な「フレームワーク」を解説します。たとえば、外部環境では **PEST**、マイケル・ポーターの **5つの力**、ボストン コンサルティング グループの **アドバンテージ・マトリクス**、内部環境では **VRIO** などです。

　ただし 4-01、4-02 で強調したように、フレームワークは機械的に使うと単なる「テンプレートの穴埋め」に終わってしまう恐れがあるので、**分析するための「視点」が重要**です。したがって、本章では環境分析の視点（たとえばメガトレンド、コアコンピタンスなど）についても見ていきます。

「戦略観」との関係

　環境は、外部環境と内部環境に分かれます。PART3 で解説したように、外部環境を重視して発想する戦略観が「ポジショニング・ビュー」です。一方、内部環境から発想するのが「リソース・ベースト・ビュー」です。もちろん、両方をしっかりと分析したうえで統合して考える必要があります。

　両方を統合する典型的なフレームワーク（3C、SWOT など）に関しても、本章の後半で解説します。

環境分析の「フレームワーク」

戦略とは

目的を決める
あるべき姿

外部環境を理解する

外部環境を理解する
外部環境

内部環境
（自己資源／能力）

自分にできることを理解する

ゴール到達の
ためのアクションを
決めて実行する
アクション

4
環境分析

環境分析（本章で解説するフレームワーク）

外部環境
- PEST分析
- メガトレンド
- 業界分析
  - ▶ 5つの力（Five Forces）
  - ▶ アドバンテージ・マトリクス
- シナリオ・プランニング

内部環境
- コアコンピタンス
- VRIO

統合
- 3C
- SWOT
- バリューチェーン

外部環境と内部環境の両方
をしっかり分析したうえで
「統合」して考える

04 ／ マクロ環境を把握する「PEST分析」

　4-04 〜 4-11 では外部環境分析について見ていきましょう。まずは PEST です。企業を取り巻く大きな社会環境を分析するために、**P（政治）、E（経済）、S（社会）、T（技術）**の４つの視点から整理するフレームワークです。

　ここでも「フレームワークの罠」に陥らないように注意しましょう。以下、DON'Ts（やってはいけないこと）を示します。

①目的／アウトプットが不明確なまま始める

　PEST という道具を使うのは、目的があり、アウトプットを出したいからです。「何に関して意思決定・アクションしたいのか」という目的を最初に決めずに、いきなり調べ始めるのは本末転倒です。したがって、調べ終わったら何らかの意思決定・アクションを起こさなければ意味がありません。

②与えられた枠組みの穴埋めに走る

　「マクロ社会環境分析といえば PEST だ」と思い込んで、P、E、S、T の４つの四角を書き、その穴埋めに走らないでください。この４つの視点は、あくまで一般形です。たとえば、「最近はエコロジー（E）が無視できない重要な視点で、それを加えて PESTE の５つだ」と主張する人もいますが、それもまた「一般化」です。必要な視点は、固有の目的によって毎回異なるはずです。

③過去の傾向だけを理解して思考停止する

　社会環境分析では「将来何が起こるか」が重要です。そのために「過去に何が起こったのか」を調べたうえで、「メガトレンド」（大きな流れ：次項で解説）を理解することが重要です。

PEST分析：
商品開発の例

目的設定	何のために調べるのか目的を決める

具体例	働く女性向けのビジネスシューズを商品開発すべきかどうかを意思決定したい

4
環境分析

マクロな社会環境の把握

代表的な視点	Politics 政治	Economics 経済	Society 社会	Technology 技術
要素の例	● 規制（強化・緩和、補助金） ● 税制 ● 地政学（協調、対立、外圧）	● 景気、物価、経済成長 ● 為替、金利、株価 ● 消費・需要動向	● 人口動態（年齢構成、世帯構成、コミュニティ） ● 価値観、世論 ● 教育、言語	● 技術革新（新技術、代替技術） ● 企業・大学・研究所などのR&D ● 特許動向
具体例	● 政府は女性の労働力化を推進する政策を打つ →女性用ビジネスシューズ需要は増加？　など	● 一般家庭の可処分所得は減少 →ビジネスシューズ需要は減少？ 　　　　　など	● 女性の就業率は上昇 →女性用ビジネスシューズ需要は増加？　など	● テレワークにより女性の在宅勤務が増加 →ビジネスシューズを履いて出かける機会は減少？ 　　　　　など

アウトプット	自社への示唆（具体的意思決定・アクション）

具体例	マクロな社会環境のさまざまなプラス要因・マイナス要因を総合的に勘案して、働く女性向けのビジネスシューズの商品開発の可否を意思決定する

05 / メガトレンドを 「自分事として」捉える

「長期的かつ大きな変化」を把握する

戦略を決めるためには、将来の社会環境を知る必要があります。将来を知るためには、過去を知らなければなりません。

たとえば、過去ずっと少子化が続いているのであれば（少子化の要因が変わらない限り）将来も少子化が続くと仮定して戦略を立案するのが妥当でしょう。

メガトレンドとは日々の細かな変化ではなく、たとえば「女性の社会進出により専業主婦の数は減少するので、家庭料理用食材の市場は縮小するのでは？」というような長期的かつ大きな変化です。

メガトレンドの罠

メガトレンドはジワジワと変化するので、気がつくのが遅れがちです。また、「少子高齢化の進行」など、一見当たり前のことが多いため、「こんなことは知っている」と軽視して **「わかっているのにアクションしない」 危険性**があります。

たとえば、人口構成は 30 年先までかなり正確に予測できます。ということは、**日本の人口が減少することは 30 年前からわかっていた**のです。それなのに一部の企業は 10 年ほど前に突然「人口減で国内市場が縮小する。海外市場を開拓しないと我が社は危ない」と慌て始めました。わかっていたのに無策に陥った典型例です。

メガトレンドを「当たり前」「知っている」と軽視・無視するのではなく、**メガトレンドの自社への影響を「自分事」として真剣に考え抜く。**そして、明日からとるべき具体的アクションが何かを考え、手遅れになる前に実行することが重要なのです。

戦略立案に必要な「メガトレンド」の把握

なぜメガトレンドが重要か

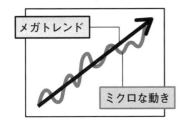

メガトレンド

ミクロな動き

メガトレンドの罠
- 少しずつ変化するので変化に気づかない。気がついたときには手遅れ！
- ミクロな増減に気を取られて大きな傾向を見失う

メガトレンドの利点
- ミクロな動きは読みにくいが、メガトレンドは読める場合がある

4

環境分析

メガトレンドを活かすために何をすべきか

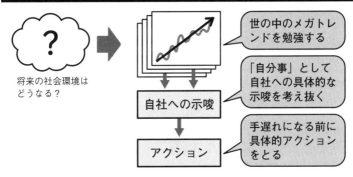

将来の社会環境はどうなる？

世の中のメガトレンドを勉強する

「自分事」として自社への具体的な示唆を考え抜く

自社への示唆

手遅れになる前に具体的アクションをとる

アクション

メガトレンドは一見当たり前のことが多いので、「わかっているのに行動できない」という事態に陥りやすい

06 / マイケル・ポーターの「5つの力」

「業界」単位で魅力度や競争の激しさを分析する

外部環境の１つが「業界」です。**自社が属している業界の魅力度を理解する枠組み**としてマイケル・ポーター教授が提唱したのが、「5つの力」（ファイヴ・フォース・モデル）です。

このモデルは以下の前提に立っています。①「業界」が定義できる。すなわち業界構造が比較的安定している。②業界の魅力度とはその業界の利益ポテンシャル（潜在的に利益を得ることができるかどうか）である。③利益ポテンシャルはその業界の「競争」の激しさによって左右される。

「業界」の魅力度を分析するチェックリスト

この前提のもとで、競争を激しくする「脅威」を整理し、**①業界内競争の激しさ、②買い手の交渉力、③売り手の交渉力、④新規参入の脅威、⑤代替品の脅威**という「5つの力」に体系化しています。この5つは右図に示すように、さらに細かい要素に分類されており、この要素をチェックしていけば業界の魅力度が比較的容易に分析できます。そのため、「5つの力」は便利な「チェックリスト」として、代表的な外部環境分析のツールになりました。

間違った使い方をされがちなフレームワーク

「5つの力」は大変役に立つフレームワークとしてあまりにも普及してしまったために、単なる穴埋めのチェックリストとして間違った使い方もされています。「5つの力」を使う場合の留意点に関して次項で解説しましょう。

「5つの力」で
業界の魅力度を分析する

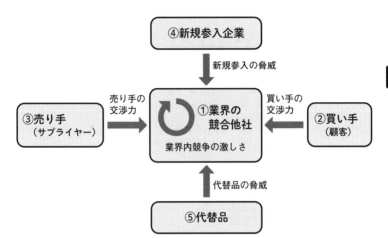

5つの力	① 業界内競争の激しさ	② 買い手（顧客）の交渉力	③ 売り手（サプライヤー）の交渉力	④ 新規参入の脅威	⑤ 代替品の脅威
要素（例）	●市場集中度 ●市場成長率 ●費用構造（特に固定比率） ●製品のコモディティ度 ●競争企業間の戦略の異質性 ●撤退障壁	●買い手の市場集中度 ●買い手の川上統合の可能性 ●買い手の製品における当該製品の重要度 ●買い手が購入先を変えるスイッチング・コスト	●売り手の市場集中度 ●売り手の川下統合の可能性 ●売り手の製品に対する代替品 ●売り手にとっての当該業界の重要性	●規模の経済性 ●製品の差別化 ●必要先行投資の規模 ●流通チャネルの確保 ●政府の政策	●代替品の価格性能比 ●代替品へのスイッチング・コスト ●顧客の代替品への嗜好度合い

※マイケル・ポーター『競争の戦略』（ダイヤモンド社）を参考に筆者作成

4

環境分析

07 / 「5つの力」には「協調」の視点も必要

そもそも「業界」を定義できるのか?

「5つの力」は業界を単位とする分析なので、業界の定義が重要です。たとえば、自動車メーカーは「自動車業界」にいるのでしょうか? それとも「自家用車業界」? あるいは自家用車業界のなかでも「高級車業界」かもしれません。業界の定義により各社個別の戦略は大きく異なるはずです。

また、「5つの力」分析は、**業界が定義でき、かつ業界構造が安定している場合に有効**です。たとえば、アップル社の iTunes で音楽を購入して iPhone で音楽を聴く場合、これは何業界なのでしょうか? 異なる業界を組み合わせて「エコシステム」(**3-09** 参照)を創造するような場合、「5つの力」はそもそも適用できません。

「競争」に注目しすぎてはいけない

「5つの力」は脅威をもたらす「競争」に注目していますが、競争ではなく「協調」(**5-20**)が重要な場合もあります。

たとえば、iPhone 上でさまざまなアプリを提供するアプリ開発企業は大変重要なプレーヤーですが、競合者ではなく**補完業者 (Complementor)** です。「5つの力」だけに注目していては補完業者を見落としてしまいます。

また、市場がまだ小さくて急成長している段階では、むしろ複数の同業者が製品を提供して普及させ、市場を大きくしたほうがよい場合があります。すなわち、同業他社は競合者というよりも**協力業者 (Collaborator)** という意味合いが強くなります。このように「5つの力」を金科玉条に当てはめるわけにはいかないのです。

「5つの力」を使ううえでの
2つの注意点

①「業界」という単位が前提なので、業界の定義に左右される

そもそも業界を定義できるのか	ミュージシャン業界？	プラットフォーム業界？	音楽再生端末業界？
		iTunes	iPhone
		Spotify	Mac
		YouTube	他の携帯・PC
	⋮	⋮	⋮

4 環境分析

←アップル社は何業界にいるのか？

②「競争」に注目し、「協調」という視点が抜けている

（例）第6のプレーヤー：補完業者（Complementor）／協力業者（Collaborator）

⑥補完業者／協力業者
（例）スマホ上で動くアプリの開発業者

④新規参入者

③サプライヤー（売り手）
（例）スマホ部品

① 業界内競合他社

②顧客（買い手）

⑤代替品提供者
（例）タブレットなど

「5つの力」だけに注目していると、「補完業者／協力業者」を見落としがちになる。特にデファクトスタンダード／プラットフォームの構築では重要

08 / 「5つの力」は打ち手を考えるためのヒント

業界を「所与」と捉えると思考停止に陥る

業界要因を「市場が縮小しているから」「参入障壁が低くて次々と競合が参入してくるから」あるいは「変えられない所与の条件」などと捉えると、「自社ができることは限られている」と思考停止してしまいます。

「5つの力」分析で業界の魅力度が低いという結果になった場合、「魅力のない業界にいるのだから仕方がない。打ち手がない」「他業界に移るしかない」と思ってしまうのです。

分析結果から「何ができるのか」を考える

そうではなく、4-06であげた「5つの力」の要素を、**自社のアクションを考えるためのヒント**として使うべきです。

「5つの力」のそれぞれに関して、たとえば、①業界内競争が激しい場合は、合併によって市場集中度を下げる。②顧客の交渉力が強すぎる場合（買い手市場の場合）は、製品にアフターサービスをつけて顧客が購入先を替えるスイッチング・コスト（5-14参照）を上げる。③サプライヤーの交渉力が強すぎる場合は、自らサプライヤーになる「バリューチェーン（4-17）の川上統合」を行う。④新規参入の脅威がある場合は、一気に市場シェアを上げて規模の経済や累積経験（5-13）によりコストダウンし、参入障壁を築く。⑤代替品の脅威があるのであれば、製品に付加サービスを提供して代替品へのスイッチング・コストを上げる。あるいは自ら先に代替品市場をつくってしまう──このように**「我が社は何ができるのか」**を考えることが重要です。

「5つの力」の
分析結果をどう使うか？

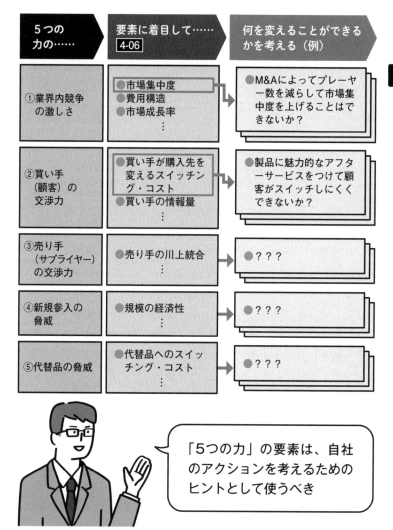

5つの力の……	要素に着目して…… 4-06	何を変えることができるかを考える（例）
①業界内競争の激しさ	● 市場集中度 ● 費用構造 ● 市場成長率 　　：	● M&Aによってプレーヤー数を減らして市場集中度を上げることはできないか？
②買い手（顧客）の交渉力	● 買い手が購入先を変えるスイッチング・コスト ● 買い手の情報量 　　：	● 製品に魅力的なアフターサービスをつけて顧客がスイッチしにくくできないか？
③売り手（サプライヤー）の交渉力	● 売り手の川上統合 　　：	● ？？？
④新規参入の脅威	● 規模の経済性 　　：	● ？？？
⑤代替品の脅威	● 代替品へのスイッチング・コスト 　　：	● ？？？

4

環境分析

「5つの力」の要素は、自社のアクションを考えるためのヒントとして使うべき

09 / 経済学と経営学の視点から見た「5つの力」

「5つの力」について補足しておきましょう。「5つの力」は経済学の1分野である産業組織論から生まれたフレームワークです。実は経済学を学んでその視点を逆手にとると経営への示唆が得られることが多いので、ここで経済学と経営学の関係を補足します。

経済学と経営学は同じ事象を反対から見ている

経済学の目的は「人々の暮らしを豊かにすること」です。そのために①富の創出、②富の偏在の解消を研究します。すなわち、富が企業に偏在すること（企業の利潤が増大すること）は望ましくないのです。企業に富を偏在させないための手段として「完全自由競争」が望ましいと考え、いかに完全自由競争を実現させるかを検討します（完全自由競争の条件に関しては **2-05** 参照）。

一方、経営学の目的は「企業の利潤の増大」です。経済学とは目的が反転しているのです。それゆえに、経営学にとって経済学は大変役に立ちます。完全自由競争が企業の利潤を最小化するのであれば、経済学を勉強し、それを逆手にとって**「いかにして完全自由競争でない状況をつくるか」**を考えればよいのです。

企業の利潤を最小化する条件を崩す

マイケル・ポーターは産業組織論を研究する経済学者として研究者のキャリアをスタートしました。

産業組織論において研究された企業の利潤を最小化する条件（右図）を「脅威」と捉えて、逆に**この条件を崩すのが経営戦略である**という発想の転換を行ったのです。

マイケル・ポーターの「5つの力」と経済学

4

環境分析

経済学と経営学

	経済学	経営学
目的	貧困を撲滅し人々を豊かにする	企業の業績を向上させる
競争に対する考え方	富の偏在を解消する ●そのためには完全自由競争が理想的	企業の利潤を最大化する ●そのためにはできるだけ完全自由競争にしない

マイケル・ポーターの「5つの力」は経済学の裏返し

	経済学 （産業組織論）	マイケル・ポーターの「5つの力」
目的	業界をできるだけ完全自由競争にする	利潤を上げるためにできるだけ完全自由競争にしない
競争に対する考え方	完全自由競争の条件 ①業界内の競争を起こす ②顧客の交渉力を強くする ③サプライヤーの交渉力を強くする ④新規参入を促進する ⑤代替品の台頭を起こす	5つの「脅威」を最小化する ①業界内の競争を避ける ②顧客の交渉力を弱める ③サプライヤーの交渉力を弱める ④新規参入を防ぐ ⑤代替品の台頭を防ぐ

10 / 「アドバンテージ・マトリクス」と事業特性

　事業の収益は何で決まるのかを考えるヒントが「アドバンテージ・マトリクス」です。一般的には事業規模が大きいほど収益性は向上するといわれます（**5-13** 参照）。

　ところが、ボストン コンサルティング グループは、収益性は必ずしも事業規模だけで決まるわけではないことに気がつき、「そもそも規模が効くのか」「規模以外の優位性構築の変数があり得るのか」の2軸で事業特性を分類する2×2のマトリクスを提唱しました（右図）。

①**規模型事業**：ほぼ規模で優位性が決まるタイプです。典型的にはセメントなどのコモディティ（差別性のない普及品）です。

②**分散型事業**：「1軒だけの超高級レストラン」「1軒だけの大衆レストラン」という正反対の戦略でも、両方とも高収益ということがあり得ます。規模が効かないので事業を大きくする意味がなく、規模以外の戦略変数が多いのです。

③**特化型事業**：ところが、多数の店舗をチェーン方式で出店して規模を追求し、収益向上を図る「ファミリーレストラン」が出現します。規模型と分散型が併存するタイプです。

④**手詰まり型事業**：もともとは規模型だったセメント事業は、寡占化の結果、生き残った少数の企業が均衡してしまうと、どの企業も儲からなくなり、手詰まり状態に陥りました。

　これらの事業特性を理解するのは「ステップ1」にすぎません。むしろ、そこから「何をするのか」「何を変えることができるのか」を考える「ステップ2」が重要です。**ファミレスの例のように分散型と思い込んでいた事業を特化型に変えることは可能**なのです。

収益性は
事業規模だけでは決まらない

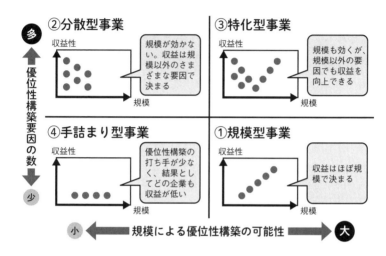

②分散型事業
収益性
規模が効かない。収益は規模以外のさまざまな要因で決まる
規模

③特化型事業
収益性
規模も効くが、規模以外の要因でも収益を向上できる
規模

④手詰まり型事業
収益性
優位性構築の打ち手が少なく、結果としてどの企業も収益が低い
規模

①規模型事業
収益性
収益はほぼ規模で決まる
規模

優位性構築要因の数　多 ↑ ↓ 少

規模による優位性構築の可能性　小 ← → 大

4 環境分析

事業特性分析で終わらない。事業特性は変わるし、変えられる

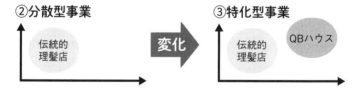

②分散型事業
伝統的理髪店

変化 →

③特化型事業
伝統的理髪店　QBハウス

事業特性を理解したら、「何をするのか」「何を変えることができるのか」を考えることが大事

11 / 不確実性に対処する「シナリオ・プランニング」

「リスク」は読めるが「不確実性」は読めない

リスクは概ね確率が読める事象です。たとえば、どの家がいつ火事になるかは予測できませんが、統計的に火災発生の確率はわかっているため、保険という対策を打つことができます。このようにリスクに対応することを「リスク・マネジメント」といいます。

これに対して、不確実性とは確率が読めず、それが起きるのか起きないのかもわからない事象です。2020年に発生した新型コロナウイルスがその例です。不確実性は通常のリスク・マネジメントでは対応できないため、これに対処するのは容易ではありません。

「起きた場合」と「起きなかった場合」を想定

不確実性を分析する手法がシナリオ・プランニングです（不確実性のもとでの戦略立案に関しては **5-19** 参照）。シナリオ・プランニングの思考方法の特徴は次の通りです。

- **予測しない**：予測はできないという前提に立ち、ひょっとしたら起こり得るかもしれない「シナリオ」を描きます。
- **確率を考慮しない**：企業は、確率が低い、あるいは確率も読めないくらい不確実な事象は軽視／無視しがちです。シナリオ・プランニングでは逆に「確率は読めない、起きるか起きないかもわからないが、万が一起きたらインパクトが大きい事象」に注目します。
- **複数のシナリオを描く**：将来が1つに読めないので、ある事象が起きた場合、起きなかった場合の2つのシナリオを想定し、それぞれのシナリオで顧客／競合などがどのように行動するかを描きます。

不確実な事象を抽出し
シナリオを描く

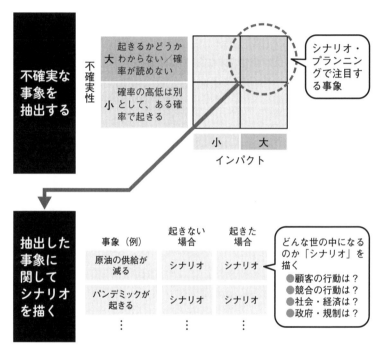

不確実な事象を抽出する

不確実性

大 起きるかどうかわからない／確率が読めない

小 確率の高低は別として、ある確率で起きる

小　大
インパクト

シナリオ・プランニングで注目する事象

4
環境分析

抽出した事象に関してシナリオを描く

事象（例）	起きない場合	起きた場合
原油の供給が減る	シナリオ	シナリオ
パンデミックが起きる	シナリオ	シナリオ
⋮	⋮	⋮

どんな世の中になるのか「シナリオ」を描く
●顧客の行動は？
●競合の行動は？
●社会・経済は？
●政府・規制は？

ケーススタディ　石油危機：シナリオ・プランニングの成功例

1970年初頭、世界の他の石油会社大手は需要も供給も堅調であるとみていた。中東の産油国が反乱を起こして減産・価格アップするなど思ってもいなかったのだ。そのなかでロイヤル・ダッチ・シェルはシナリオ・プランニング分析を行い、もし原油の供給が減ったらどうなるかというシナリオを描いた。実際に1973年に石油危機が起きたとき、ロイヤル・ダッチ・シェルだけは的確かつ迅速な対応ができたのだ。この出来事でシナリオ・プランニングが一気に注目を集めるようになった。

※西村行功『シナリオ・シンキング』（ダイヤモンド社）を参考に筆者作成

12／「コアコンピタンス」を育てる

自社の「真の強み」は何か？

4-04 〜 4-11 では外部環境分析を見てきましたが、ここからは内部環境分析に関して見ていきましょう。

内部とは自社のことです。したがって自社の強みを理解する必要がありますが、これは容易ではありません。たとえば、「我が社の強みは製品 A である」というだけでは表面的です。製品 A を強くしている真の強み（コアコンピタンス）は何でしょうか？　技術力でしょうか？　ある技術が強い場合でも「技術を磨く力」は競合と差がなく、磨くべき技術を選ぶ「目利き力」で差がついたのかもしれません。

さらに営業が「顧客の悩みを正確に聞き取る力」があるから正しい目利きができている場合、真の強みは技術側ではなく営業側にあります。「我が社は技術力がある」と慢心するのは危険です。営業が弱くなった途端に、技術も製品も総崩れになるかもしれません。

真の強みにもとづく戦略は競合優位性が持続する

右図の例では、営業の「聞き取る力」がある限り、顧客ニーズが変化してもそれを正しく聞き取り、正しい製品を提供し続けることができるでしょう。**内部の真の強みを磨いておけば、外部環境が変化してもそれに対応できる強い企業をつくることができます。**また、コアコンピタンスは目に見えにくい強みなので、競合がなぜ我が社が強いのかを理解できず、**競合に模倣されにくい**という利点もあります。

ちなみに、コアコンピタンスは、ゲイリー・ハメル、C・K・プラハラードによって提唱されたコンセプトですが、オリジナルは伊丹敬之氏によって提唱された「見えざる資産」です。

自社の強みを深掘りして
コアコンピタンスを探る

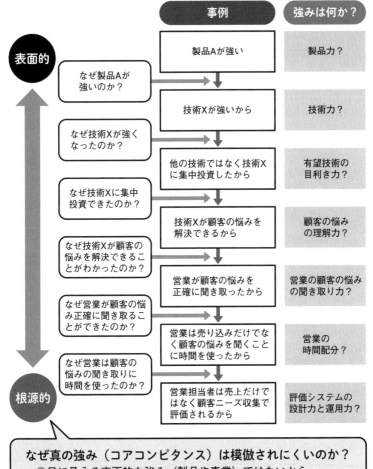

	事例	強みは何か？
	製品Aが強い	製品力？

表面的

なぜ製品Aが
強いのか？

技術Xが強いから → 技術力？

なぜ技術Xが強く
なったのか？

他の技術ではなく技術X
に集中投資したから → 有望技術の
目利き力？

なぜ技術Xに集中
投資できたのか？

技術Xが顧客の悩みを
解決できるから → 顧客の悩み
の理解力？

なぜ技術Xが顧客の
悩みを解決できるこ
とがわかったのか？

営業が顧客の悩みを
正確に聞き取ったから → 営業の顧客の悩み
の聞き取り力？

なぜ営業が顧客の悩
み正確に聞き取るこ
とができたのか？

営業は売り込みだけでな
く顧客の悩みを聞くこと
に時間を使ったから → 営業の
時間配分？

なぜ営業は顧客の
悩みの聞き取りに
時間を使ったのか？

根源的

営業担当者は売上だけで
はなく顧客ニーズ収集で
評価されるから → 評価システムの
設計力と運用力？

4

環境分析

なぜ真の強み（コアコンピタンス）は模倣されにくいのか？
- 目に見える表面的な強み（製品や事業）ではないから
- 目に見えない根源的な能力、仕組み、プロセス、文化などが
強みになっているから

13 / コアコンピタンスを 分析する視点「VRIO」

VRIOの4つの視点

　自社のコアコンピタンス（真の強み）を理解して強化することは重要ですが、自社のリソース（資源／能力）のうち、どれが強みになり得るのでしょうか。それを分析するフレームワークが VRIO（ブリオ）です。

　VRIO では自社のリソースを次の視点で評価します。

・**V（価値）**：その資源／能力は、顧客が評価する価値を生むのか？　ここで注意すべきは、内部分析といいながら価値があるかどうかは外の視点（顧客視点）で評価する必要があることです。

・**R（希少性）**：少数の企業だけがもっているか？　仮に価値があっても、競合も同じ資源／能力をもっていては強みにはなりません。

・**I（模倣困難性）**：模倣困難か？　仮に希少だとしても、競合が容易にその資源／能力を獲得できるのであれば優位性は持続しません。

・**O（組織／仕組み）**：仕組みは整っているのか？　V、R、I の条件を満たす資源／能力をもっていても、それを活かす組織的な仕組みがなければ成果は得られません。

持続する競合優位性

　VRIO は「持続する競合優位性」（Sustainable Competitive Advantage）を構築するための視点です。いくら顧客の絶対評価が高く、仮に 90 点であったとしても、競合も 90 点ならば強みではありません。強み（優位性）は Competitive、すなわち競合との相対評価です。また、強みは Sustainable、すなわち持続しなければ意味がありません（いかにして模倣を困難にし、競合優位性を持続させるかは **5-11 ～ 5-15** 参照）。

自社のリソースのうち
真の強みになるのは何か？

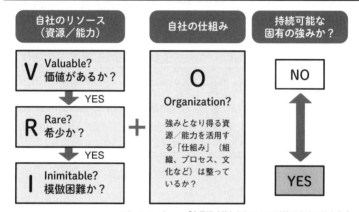

VRIOフレームワーク

自社のリソース（資源／能力）	自社の仕組み	持続可能な固有の強みか？

V Valuable? 価値があるか？
↓ YES
R Rare? 希少か？
↓ YES
I Inimitable? 模倣困難か？

＋

O Organization?
強みとなり得る資源／能力を活用する「仕組み」（組織、プロセス、文化など）は整っているか？

NO
↕
YES

4
環境分析

※ジェイ・B・バーニー『企業戦略論』（ダイヤモンド社）を参考に筆者作成

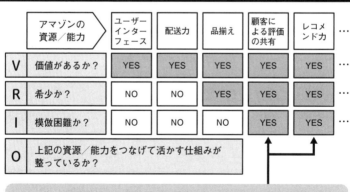

（例）アマゾン・ドット・コム

アマゾンの資源／能力	ユーザーインターフェース	配送力	品揃え	顧客による評価の共有	レコメンド力	…
V 価値があるか？	YES	YES	YES	YES	YES	…
R 希少か？	NO	NO	YES	YES	YES	…
I 模倣困難か？	NO	NO	NO	YES	YES	…
O 上記の資源／能力をつなげて活かす仕組みが整っているか？						

ユーザーの評価、検索／購入履歴が蓄積されて圧倒的な情報規模に達すると強みとなり得る。規模を達成したアマゾンに他社は追いつけない

14 ／「3C」分析で探す スイート・スポット

ここまでは、環境を外部（**4-04** 〜 **4-11** 参照）と内部（**4-12** 〜 **4-13**）に分けて分析する視点を紹介しましたが、ここからは外部と内部を統合する環境分析を見てみましょう。

内部と外部を統合したフレームワーク

3C とは、**Customer（顧客・市場）**、**Competitor（競合）**、**Company（自社）** という 3 つの視点で戦略を立案すべきであるという考えです（大前研一氏によって提唱されました）。最初の 2 つの C が外部の視点、最後の C が内部の視点です。

①顧客が求めているものを把握できなければ顧客に何を提供してよいのかわかりません。②顧客が求めているものを把握できたとしても、自社にそれを提供できる能力がなければ意味がありません。③顧客が求めるものを自社が提供できても、競合がよりよいものを提供できるのであれば顧客は競合の製品を購入します。

このように 3 つの C を統合して検討しなければ、正しい戦略は立案できないのです。

3つのCを満たす「スイート・スポット」

したがって、戦略の本質は**①顧客が求めており、②自社が提供でき、③競合が提供できない**（あるいは自社が競合に比べてよりよく提供できる）というスイート・スポット（右図で網掛けをした部分）を探し出し、提供することです。

口でいうのはやさしいですが、簡単には見つかりません。常に考え抜き、しつこくスイート・スポットを探しましょう。

「顧客・市場」「競合」「自社」の 3視点からの分析

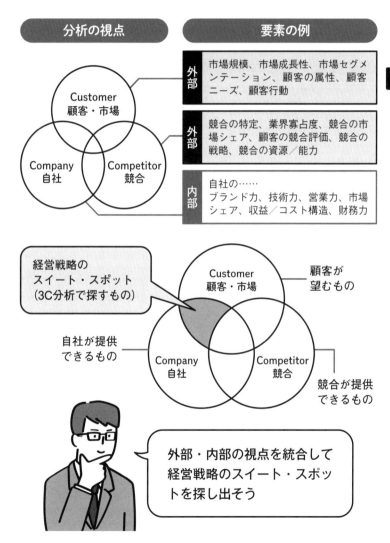

分析の視点

要素の例

Customer 顧客・市場

外部：市場規模、市場成長性、市場セグメンテーション、顧客の属性、顧客ニーズ、顧客行動

外部：競合の特定、業界寡占度、競合の市場シェア、顧客の競合評価、競合の戦略、競合の資源／能力

内部：自社の……ブランド力、技術力、営業力、市場シェア、収益／コスト構造、財務力

Company 自社　Competitor 競合

4 環境分析

経営戦略の スイート・スポット（3C分析で探すもの）

Customer 顧客・市場

顧客が望むもの

自社が提供できるもの

Company 自社　Competitor 競合

競合が提供できるもの

外部・内部の視点を統合して経営戦略のスイート・スポットを探し出そう

15 / 2軸を使って整理する「SWOT」

　外部要因と内部要因を統合して整理する代表的なフレームワークがSWOTです。さまざまな要因を**「外部か内部か」「自社にとってプラスかマイナスか」**の2軸を使って整理します。

　SWOTについては、「整理のための整理」という間違った使い方がよく見られます。そうならないために次の点に注意しましょう。

「SWOT」活用の3つの注意点

①整理のために「軸」を使うことは悪いことではありませんが、SWOTの2軸はあくまで代表的な2軸であり、いつでもこの2軸が適切とは限りません。毎回、軸は自分で考えましょう（**4-01**参照）。

②「自社にとってプラスかマイナスか」という視点をもつこと自体はよいのですが、戦略によって同じ要因がプラスにもマイナスにもなり得ます（この点に関しては次項**4-16**で解説します）。

③SWOTのマトリクスが埋まっても整理が完了しただけです。「それでは何をするのか」というアクションを考えるための前作業が終わっただけです。

次のアクションを考える「TOWS」

　SWOTの整理を踏まえてアクションを考えるフレームワークの一例が右図下の **TOWS** です（ハインツ・ワイリックが提唱）。

　S、W、O 、Tの4つを組み合わせたSO、WO、ST、WTの4つのボックスに「それでは我が社は何をすべきか」を考えて書き出していく、という思考のガイドラインです。

「SWOT」と「TOWS」で
具体的な行動まで落とし込む

SWOT：要因を2軸で分けて整理するフレームワーク

内部要因	**S** (Strength：強み) （例） 製品開発力は強い	**W** (Weakness：弱み) （例） 低コスト生産は不得意
外部要因	**O** (Opportunity：機会) （例） 海外市場の急成長	**T** (Threat：脅威) （例） 海外の現地企業の台頭

➕ プラス要因　　　　　　　➖ マイナス要因

4

環境分析

TOWS：SWOTを踏まえて、具体的に何をするのか、アクションを考える

	S（強み） 製品開発力は強い	W（弱み） 低コスト生産は不得意
O（機会） 海外市場の急成長	**SO** →強みを使って機会を成果につなげるために何ができるか？ **アクションの例** 海外市場のニーズに合わせた製品開発の加速？	**WO** →弱点を強化・補完するために何ができるか **アクションの例** 現地メーカーとのアライアンス？
T（脅威） 海外の現地企業の台頭	**ST** →強みを使って脅威を和らげるために何ができるか？ **アクションの例** 現地企業を凌駕する製品の開発？	**WT** →弱みと脅威が重なって最悪シナリオが起きた場合の防御策、あるいは撤退策は何か？ **アクションの例** 現地企業とのアライアンス？

16 「事実の解釈」は戦略によって変わる

「誰も靴を履かない国」で靴は売れるか?

　本章で解説している「分析」は、主観を排した客観的なものであると思われがちですが、実は分析結果の解釈は「戦略」という主観によっても左右されます。

　有名なジョークを紹介しましょう。ある靴のメーカーが2人の営業担当者にX国の市場調査を命じました。2人がX国に行ってみると、なんと誰も靴を履かず、誰もが素足で歩いていたのです。

　1人目の営業担当者は「市場規模はゼロ。将来性もゼロ。この国に事業進出すべきでない」と報告してきました。

　ところが、2人目の営業担当者は興奮して「潜在市場規模は巨大。いくらでも靴が売れる。早速1万足送ってくれ!」と報告してきたのです。

　「ある事実がプラスかマイナスか」の解釈は戦略次第です。誰も靴を履いていないのは何か理由があるはずです。その理由を書き換える戦略があれば、巨大な市場を創造することができるかもしれません。

全国を網羅する販売網はプラスか?　マイナスか?

　その他の例を右図下に示しました。ある事実がプラスかマイナスかは戦略によります。たとえば、全国を網羅する直販営業網は、「全体戦略のなかで販売網はどうあるべきか」という位置づけによってプラスにもマイナスにもなります。顧客とのface-to-faceの直接対話が重要ならばプラスですが、ネット販売を主力にする場合は、むしろお荷物となるマイナスです。

分析結果を
どう「解釈」するか？

内部要因	**S** (Strength：強み)	**W** (Weakness：弱み)
外部要因	**O** (Opportunity：機会)	**T** (Threat：脅威)

4

環境分析

プラス要因 ➕　　　➖ マイナス要因

⬇

解釈（プラス要因か、マイナス要因か？）

事実の例	プラス ➕	マイナス ➖
我が社の企業規模・組織は小さい	全員が1つ屋根の下でコミュニケーションもよい。変化に対して小回りが利き、即座に対応できる	弱小企業なので、研究開発、生産、マーケティングなどに大きな投資ができない
我が社は全国の顧客を網羅する直販営業部隊を有する	すべての顧客に製品を届けることが可能。顧客の声を直接聞くことができる	顧客はネットでの購入にシフト。営業部隊が価値を生まない「負の資産」になりつつある

17 / 価値の連鎖で捉える「バリューチェーン」

　バリューチェーンでは企業活動を「顧客に価値を届けるためにさまざまな要素をつなげて運営する活動」と捉えます。**企業活動を、価値を生んでいる要素に分解し、個々の要素あるいはそのつながりを分析すると事業の本質がよりよく理解できる**という考え方です。

　なお、本書ではバリューチェーンをPART4（環境分析ツールとして）、PART5（戦略立案ツールとして）、PART9（デジタル改革の視点として）に分けて解説します。

顧客に価値を提供するのは自社だけではない

　もともとは企業内部の活動が本当に価値を生んでいるのかを分析するために考案された内部分析の手法で、マイケル・ポーターによって提唱されました。ところが、ある活動（たとえば生産）を自社の内部で行うか、外部に委託するかは恣意的に選択できるため、分析対象を企業内部に限定すると全体像が見えなくなります。そのため、分析対象を社外、業界全体に拡張して外部分析にも使うようになりました。

　たとえば、自動車業界のバリューチェーン（右図）を見れば、**自動車メーカー単独では顧客に価値を提供できない**ことがわかります。自動車メーカーの川上（左）には部品メーカー、その原材料の生産者が価値を提供しています。また、川下（右）を見ると、ディーラー、車検業者、整備業者、自動車保険会社、ガソリンスタンド、中古車ディーラーなどが価値を提供しています。川上・川下のプレーヤーがいなければ顧客は自動車を運転する価値を享受できません。

　たまたま自社がバリューチェーンの一部を担っているわけですが、自社の戦略を考える際は、まず**全体像を理解する**必要があります。

企業の活動を「価値」を生んでいる要素に分解する

バリューチェーンとは

必要な価値（例）

| 研究開発 | 生産 | 流通 | アフターサービス | → 顧客 |

¥ 顧客にとっての価値

バリューチェーン＝顧客に価値を届けるために必要な "価値" の連鎖

4 環境分析

バリューチェーンの適用範囲の拡張

もともとは……
企業内部の活動を分析する手法
（マイケル・ポーターが提唱）

↓

その後の拡張で……
業界全体のバリューチェーン

（例）自動車業界

| 価値 | 原料生産 | 部品生産 | 組み立て | 流通販売 | アフターサービス | 中古車販売 |

| プレーヤー（例） | ゴムの木の生産者 | タイヤメーカー | 自動車メーカー | ディーラー | ガソリンスタンド 自動車保険会社 整備業者 車検業者 | 中古車ディーラー |

自社の戦略を考える際は、まずバリューチェーンの全体像を理解する必要がある

18 ／「バリューチェーン」を 描く手順とポイント

「保険商品」には複数の価値がある

右図の保険会社を例にとってバリューチェーンを描く手順とポイントを見てみましょう。

①**本質的な価値**：まずは顧客に提供する本質的な価値が何かを考えます。保険の価値は事故が起きたときの保障です。ただし、無事故で保険の保障を使わない顧客も多いので「万が一事故が起こっても自分や家族が崩壊しない安心感」も重要な価値でしょう。保険商品によっては保証よりも資産運用が価値になる場合もあります。

②**個々の価値の連鎖**：これらの本質的価値を提供するための個々の価値の連鎖を描いてみます。保険の場合は商品開発から始まって、販売、事故が起きたときの審査・支払、その他事故が起きたときの付帯サービス（交通事故の際に顧客に代わって相手と交渉するなど）、保険料の運用などをつなげて顧客に価値を提供しています。

③**プレーヤー**：次に、それぞれの価値を誰が提供できるか、考えられるプレーヤーを列挙します。保険の場合は規制で義務づけられている業務はありますが、それ以外の多くの業務は自社で提供する必要はなく、外部に委託できます。どの部分を自社、どの部分を他社が担うのかを考える必要があります。

④**定量化**：場合によっては個々の活動を定量化することも有効です。それぞれの活動がどれだけの価値を生み、どれだけのコストがかかっているのか？　コストの割には価値を生んでいない活動があれば要注意です。

バリューチェーン分析の手順

4
環境分析

| ①
本質的な価値
顧客に提供する本質的な価値は何か？ | ●事故が起きたときの保障
●（事故が起きないとしても）安心感
●資産の運用 | | | | | |

② **価値の連鎖** 「本質的な価値」を提供するための個々の価値の連鎖は？	商品開発				引受					
	商品コンセプト開発	金融庁認可	システム開発	販売	審査	収納	保全	支払	運用

③ **プレーヤー** 誰がその価値を提供するのか？ （注） 規制により自社が行うことが義務づけられている業務	自社 （注）	自社	自社直販 （対面） 自社直販 （ネット）	自社	自社 （注）	自社
	保険会社（他社）	保険会社（他社）	保険会社（他社） 専業代理店 銀行 ネット代理店	再保険会社	再保険会社	運用会社

| ④**定量化**
●いくらの価値を生んでいるのか
●いくらのコストがかかっているのか | ¥ | ¥ | ¥ | ¥ | ¥ | ¥ |

19 / 「バリューチェーン」分析の注意点

「プレーヤー」よりも「価値」に注目

　バリューチェーンは「価値の連鎖」です。したがって「価値」を分析するのがポイントなのですが、ついつい現状の「プレーヤー」を描いてしまいがちです。そうなると現状のプレーヤーを変えられないと思い込み、思考停止になることがあるので気をつけましょう。

「薬局」の提供価値は何か？

　たとえば、メーカーが体温計を製造して薬局で販売している場合、「自社→薬局」と描いても、これはプレーヤーを並べただけでバリューチェーンではありません。バリューチェーンは文字通り「価値の連鎖」なので**プレーヤーではなく価値を描くべき**です。薬局の価値は何でしょうか？　物流、集客、コンサルティング、顧客情報収集、フォローアップなど、薬局は異なる複数の価値を提供しています。

　価値を描いたら現状にとらわれず、ゼロベースで**「その価値を提供するベストなプレーヤーは誰か」**を考えます。たとえば、体温計がアプリを通じてスマホと連動し、顧客が測った体温がネットを介して直接メーカーに集まるのであれば、従来は薬局の価値だった顧客情報や購入後の顧客フォローアップはメーカーが自ら行ったほうがよいのかもしれません。あるいは自社がネット直販する場合、薬局が提供していた価値をすべて自社が提供できるのでしょうか？　バリューチェーンに沿って検討すると「集客」を自社で行うのが難しいことがわかります。

　このように「価値」と「プレーヤー」を混同しないこと、**まず価値を考えてからプレーヤーを考えること**がポイントです。

「価値」と「プレーヤー」を 混同してはいけない

| プレーヤー 誰が価値を 提供するのか | 自社 (体温計メーカー) | 薬局 | | |

4 環境分析

価値 どんな価値を 提供するのか	物流	集客	顧客 情報の 収集	購入後の フォロー アップ
プレーヤー (現状)	薬局が 雇った 配送業者	薬局	薬局	薬局
購入後に顧客が ネットで自社と つながる場合	薬局が 雇った 配送業者	薬局	自社	自社
ネット直販の 場合	自社が 雇った 配送業者	自社が 集客で きるか？	自社	自社

「価値」と「プレーヤー」を 混同しない。「価値」を考え てから「プレーヤー」を考え るのがポイント

PART

5

事業戦略

環境分析が済んだら、いよいよ戦略を立案します。戦略には「事業戦略」と「コーポレート戦略」がありますが、本章では「事業戦略」について説明していきます。事業戦略を立案する際の視点やフレームワークを中心に見ていきましょう。

□ 事業戦略のタイプと戦略立案の視点

□「顧客が誰か」を明確にし、市場の定義方法がわかる

□ どのようにして競合と差別化すればいいか

□ 勝つために自社をどこにポジショニングすればいいか

□ 勝つためにいかに自社の資源／能力を磨くか

□ バリューチェーン上のどこで事業を行えばいいか

□ 競合優位性を確立し、「模倣」や「参入」を防ぐ方法

□「時間軸」で戦略を変える方法もあること

□ 競争のない市場をつくる方法（ブルーオーシャン戦略）

□ 相手の動きを先読みして戦略の打ち手を考える方法
　（ゲーム理論）

□ 顧客に価値を届ける「マーケティング・ミックス」

01 / 事業戦略を立案する

　前章の環境分析にもとづいて、いよいよ戦略の立案をします。戦略には「事業戦略」（個々の事業の戦略）と「コーポレート戦略」（複数事業をもつ企業の本社レベルの戦略）があります。本章では事業戦略、次章でコーポレート戦略を解説します。

事業戦略において「何を考えるのか」

　右図にあるように、まずは事業の定義、すなわち「どんな事業をするか」を考えます。これは「誰にどんな価値を提供するか」、すなわち「顧客」と「提供価値」です。

　顧客と提供価値を定義したら、「競合が誰か」を考えます。当たり前ですが、誰と戦うのかが不明であれば戦いようがありません。

　次に、いかにして競合に勝つのか、すなわち自社事業の「競合優位性」は何か、それをいかに構築するのかを検討します。競合優位性を構築するためには、自社事業をどこに位置づけるか（ポジショニング）、そしてどのような資源／能力を身につけるか（リソース）を考えます。

　一般的にはこれらの要素を考え、有機的につなげて戦略をつくります。また、単純にこの順番で考えるのではなく、**行ったり来たりを繰り返しながら戦略を磨いていきます**。

事業戦略を考えるための視点

　本章では、さらに上記の戦略立案を行うために、代表的な事業戦略のタイプ、事業戦略立案の際の典型的な視点も紹介します（右図下）。

事業戦略の
全体図

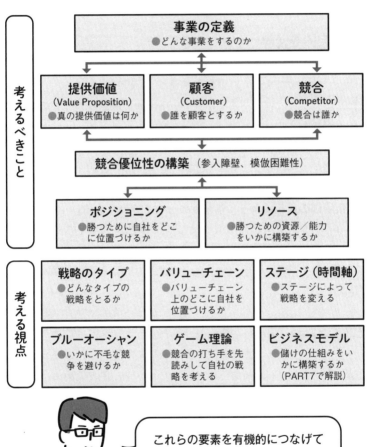

考えるべきこと

事業の定義
●どんな事業をするのか

提供価値 (Value Proposition)	顧客 (Customer)	競合 (Competitor)
●真の提供価値は何か	●誰を顧客とするか	●競合は誰か

競合優位性の構築（参入障壁、模倣困難性）

ポジショニング	リソース
●勝つために自社をどこに位置づけるか	●勝つための資源／能力をいかに構築するか

考える視点

戦略のタイプ	バリューチェーン	ステージ（時間軸）
●どんなタイプの戦略をとるか	●バリューチェーン上のどこに自社を位置づけるか	●ステージによって戦略を変える

ブルーオーシャン	ゲーム理論	ビジネスモデル
●いかに不毛な競争を避けるか	●競合の打ち手を先読みして自社の戦略を考える	●儲けの仕組みをいかに構築するか（PART7で解説）

5 事業戦略

これらの要素を有機的につなげて戦略をつくる。戦略は、この順番で考えるのではなく、行ったり来たりを繰り返しながら磨いていく

02 / 事業が提供する「真の価値」は何か

手段と目的を混同しない

　当たり前ですが、顧客は価値を感じないものに対して、お金を払って購入してはくれません。**事業の本質は「価値提供」です**。「顧客が欲しいのはドリルではない、ドリルで開ける穴である」という名言があります。ドリルメーカーが顧客に提供している価値は「穴」であり、ドリルは手段にすぎないのです。目的と手段を混同したら事業の定義が曖昧になり、戦略を立案できません（目的と手段の峻別に関しては **2-03** 参照）。

　提供価値の定義によって事業はまったく変わります。ヤマハ（株）は自らのビジネスを楽器事業ではなく、「楽器を演奏する楽しさを提供する事業」と考えています。そう考えると楽器だけでなく、音源を処理する電子機器、音楽教室、発表会なども自らの事業の範囲に入ってきます。

提供する価値を厳密に考える

　たとえば、キッチンのないワンルーム用に開発された電子レンジが提供する価値は「自炊できること」でしょうか。何のための自炊であるかは厳密に考える必要があります。

　たとえば、24時間いつでも食事ができることが価値であれば、24時間オープンのコンビニが競合です。あるいは外出しなくても食事ができることが価値であれば、デリバリーサービスが競合です。低コスト（自炊したほうが安い）が価値であれば、顧客は格安の食堂に流れるのでこの電子レンジを購入してくれません。このように**真の提供価値が何かによって競合がまったく変わってしまうのです**。

「真の価値」を考えることで
提供すべき製品や競合がわかる

事業を定義する

（提供価値） | どんな価値を
（顧客） | 誰に提供するのか

5

事業戦略

提供価値の本質を考える

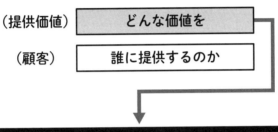

例1	表面的な価値	真の価値	自社が提供すべき製品／サービスは何か
工具メーカー	ドリル	穴を開けること	●何らかの方法で穴を開ける手段を提供すること ●ドリルとは限らない

例2	表面的な価値	真の価値	競合は誰か？
キッチンのない寮／下宿などに住む消費者向けの電子レンジ	自炊できること	24時間いつでも食事	24時間オープンのコンビニ？
		在宅で食事（外出不要）	食事のデリバリーサービス？
		外食より自炊のほうが安い	超格安の大衆食堂？
		⁝	⁝

03 / 「STP」で 顧客を明確にする

セグメンテーション→ターゲティング→ポジショニング

「顧客が誰か」が曖昧では戦略を立てることはできません。まずは顧客の集合体である**市場を定義**します。たとえば、自社の対象市場を自家用車市場と定義します。

でも「自家用車市場」では、まだ広すぎます。インドのタタ・モーターズが製造しているナノの価格は30〜40万円、フェラーリは3000〜4000万円です（2020年9月時点）。同じ自家用車でも購入する顧客はまったく異なるはずです。すなわち、**顧客を分類（S：セグメンテーション）**して考える必要があります。

次に、自社は**どのセグメントを狙うのか（T：ターゲティング）**を考え、さらに**自社をどのセグメントに位置づけるのか（P：ポジショニング）**を検討します。このプロセスを「STP」と呼びます。

セグメンテーションの軸と粗さをどうするか

どのような軸で顧客を分類するかは、大変難しく、定石はありません。**軸の選択自体が戦略**です。たとえば、女性ファッション雑誌の読者をどのようにセグメンテーションし、ターゲティングするか。年齢、既婚／未婚、所得などの目に見えるデモグラフィー（人口属性）だけでは不十分です。「大人の女」派なのか、「カワイイ」派なのかなどの嗜好／行動（エスノグラフィー）を考える必要があります。

また、分類の粒度（粗さ）も熟考しましょう。あまり細かいと規模が小さすぎて事業として成立しません。逆に、あまり粗すぎると、異なるタイプの顧客を1つにまとめて同じ対応をすることになるため、顧客の不満がたまり、最後には顧客は離れていきます。

セグメンテーションのポイントは「軸」と「粒度」

市場を定める → セグメンテーション → ターゲティング

（例）自家用車

市場を定める
セグメンテーション

価格 高／低
使用目的 実用 ←→ レジャー

ターゲティング／ポジショニング

たとえば……

我が社は高級スポーツカーセグメントを狙う

5 事業戦略

セグメンテーションの軸

顧客が消費者／個人の場合
- 人口属性（デモグラフィー）
  （例）年齢、性別、職業など
- 嗜好／行動属性
  （例）アウトドア派、インドア派など
- その他
  （例）居住地、使用言語など

顧客が企業の場合
- 企業属性
  （例）売上、従業員数、業種など
- 行動属性
  （例）投資に積極的／慎重など
- その他
  （例）ローカル／グローバル企業など

セグメンテーションの粒度（粗さ）

あまり粗すぎると……
- 1つのセグメントのなかに異なるタイプの顧客が入る
  ▶ フォーカスができない
  ▶ 顧客が混乱・失望する

あまり細かすぎると……
- 1つのセグメント規模が小さすぎて事業として成立しない

どのような軸で顧客を分けるかに定石はない。軸の選択自体が「戦略」となる

04 / 顧客は1人とは限らず、複数に分かれている

顧客には「使用者」「意思決定者」「支払者」がいる

消費者が自動販売機で缶コーヒーを買って飲む場合、購入の意思決定、支払、消費を同一人物が行っているため、顧客は1人です。

ところが、**顧客が複数に分かれる**ことがあります。たとえば、哺乳用ミルクを実際に飲むのは乳児ですが、どのミルクを買うかを意思決定してお金を払うのは保護者です。あるいは母親が子どものために有料放送のキッズチャンネルに加入し、父親が料金を支払い、子どもが観る場合はどうでしょう。顧客は3人に分かれています。

一般的に顧客は意思決定、支払、使用という行為を行いますが、この行為が異なる人物に分かれることがあります。その場合は**異なるタイプの顧客に対して異なる打ち手を繰り出しながらも統合した戦略が必要**です。

「影響者」「許可者」が加わる場合もある

さらに複雑な例もあります。医科向け医薬品は厚生労働省が認可しないと発売できません。そして医療現場で医師が診断にもとづき処方する薬を決めます。

患者は処方箋をもって薬局に行きますが、薬局は「同じ効用で安いジェネリック医薬品がありますよ」と推奨してくる場合があります。患者は推奨を受け入れるか否かを決めて購入しますが、自己負担は一部のみで、医療保険機関が大半を支払います。

この例では、さらに**許可者（厚労省）、影響者（薬局）が関与**しています。許可者、影響者は狭義では顧客ではありませんが、製薬会社はこれらの関与者も広義の顧客と捉えて考える必要があります。

顧客を見定め
それぞれに打ち手を考える

異なるタイプの顧客が存在する	使用者 User	意思決定者 Decision maker	支払者 Payer	影響者 Influencer	許可者 Gate keeper
通常の製品／サービス	顧客（同一人物）				
哺乳用ミルク	乳児	保護者		友人、クチコミ、SNSなど	
有料放送	子ども	母親	父親		
医科向け医薬品	患者	医療機関／医師	医療保険機関	薬局	厚生労働省

（左側ラベル：顧客が異なるタイプに分かれる例）

5
事業戦略

それぞれの「顧客」に何をすべきか？

打ち手？	打ち手？	打ち手？	打ち手？	打ち手？

異なる顧客に異なる打ち手を繰り出しながらも、統合した戦略が必要

05 ／ 「競合」は同業他社に限らない

「誰が競合か」は顧客が決める

　同業他社のすべてが競合とは限りません。競合と自社の相対的位置を**「マッピング」**してみましょう。

　3000万円の車をつくっているフェラーリは30万円の車をつくっているタタとは競合していません。フェラーリの購入を検討している顧客は30万円の車は視野に入れないからです。でも、ランボルギーニは視野に入れるかもしれないので競合です。

　マッピングする際には、顧客が重要視する軸でマップをつくり、その軸に沿って顧客が僅差だと思う競合を近くにプロットします。独りよがりの**自社視点ではなく、顧客視点でマッピング**します。

　なお、**5-03**のSTPを競合マッピングに応用できる場合もあります。どの競合企業がどの顧客セグメントをターゲットにしているかをマッピングすれば「競合マッピング」になります。

　異業種が競合になることもあります。たとえば、シャツのオーダーメイド券を買うときに、顧客は何を考えるでしょうか。「既製服のシャツではなく、オーダーメイドしようかな」と迷っている場合、オーダーメイドは既製服と競合しています。一方、シャツのオーダーメイド券はお歳暮の定番商品です。「お歳暮にシャツのオーダーメイド券を贈ろうか？　ビール券を贈ろうか？」と迷っている場合、オーダーメイドはビール券と競合しているのです。

　高校生が限られたお小遣いのなかで携帯ゲームを楽しむために服を買うのを諦めたのであれば、服の競合は携帯ゲームです。

　自社の競合は顧客が考える他の選択肢です。競合が誰であるかは自社が決めてはいけないのです。**顧客が決める**ものです。

顧客視点で
競合は決まる

マッピング／セグメンテーションで競合関係を見る

（例）自家用車

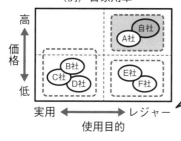

・顧客が選択肢を考えるときの評価軸でマッピングする
・顧客の評価で自社・競合をプロットする

5

事業戦略

競合は顧客が考える他の選択肢で決まる

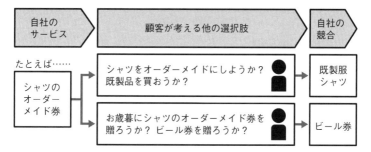

自社のサービス	顧客が考える他の選択肢	自社の競合
たとえば…… シャツのオーダーメイド券	シャツをオーダーメイドにしようか？ 既製品を買おうか？	既製服シャツ
	お歳暮にシャツのオーダーメイド券を贈ろうか？ ビール券を贈ろうか？	ビール券

「競合が誰か」は自社が決めてはいけない。競合は顧客が決めるもの

06 / 自社の「ポジショニング」をどこにするか

競合に勝る価値を顧客に提供する

　顧客、競合を仮決めしたあとは、いかにして競合に勝る価値を顧客に提供するかを考えます。考え方としては、勝つために自社をどこに位置づけるかというポジショニング・ビュー（**3-04** 参照）、勝つためにいかに自社の資源／能力を磨くかというリソース・ベースト・ビュー（**3-05**）があります。

　本章では **5-07 ～ 5-09** でポジショニング・ビュー、**5-10** でリソース・ベースト・ビューを見ていきます。

自社のポジションを決める5つの「マップ」

　ポジショニングとは自社の位置決めなので、位置を記すためのマップが必要です。代表的なマップを見ていきましょう。

①**顧客・競合マップ**：すでに **5-03**、**5-05** で解説しました。顧客／競合を何らかの軸でマッピングし、自社のポジションを決めます。

②**マイケル・ポーターの「3つの基本戦略」**：「競合優位性をコストに求めるか特異性に求めるか」「ターゲット市場／顧客を広く取るか狭く取るか」の2軸のマップ上で戦略を考えます（**5-07**）。

③**コトラーの「競争地位ベースの戦略」**：経営資源の「量」と「質」の2軸で自社のポジションを認識し戦略を変えます（**5-08**）。

④**バリューチェーン**：バリューチェーン上のどこに自社を位置づけるかで戦略を考えます（**5-09**）。

⑤**ブルーオーシャン戦略**：不毛な競争を避け、競争のない事業を創造します。戦略キャンバスというマップを使って、競合とは異なるポジションに自社を置くという考え方です（**5-18**）。

ポジショニングのための マップの例

**①
顧客・
競合マップ**

顧客マップ

＋

競合マップ

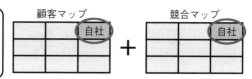

**②
3つの基本戦略**
（マイケル・ポーター）

	競合優位性の源泉	
ターゲット市場／顧客の範囲	コスト・リーダシップ	差別化
	集中	

**③
競争地位ベース
の戦略**（コトラー）

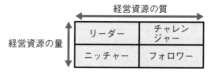

	経営資源の質	
経営資源の量	リーダー	チャレンジャー
	ニッチャー	フォロワー

**④
バリューチェーン**

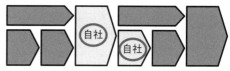

**⑤
ブルーオーシャン
戦略**（戦略キャンバス）

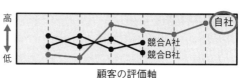

高⇕低

自社

競合A社
競合B社

顧客の評価軸

5

事業戦略

「マップのどこに自社を位置づけるか」だけを考えると視野狭窄に陥ることに注意。場合によっては、マップそのものの構造を変えることも可能（PART9参照）

07 ／ マイケル・ポーターの 3つの基本戦略

「コスト」か「差別化」か、あるいは「集中」か

　戦略を考える際の代表的な枠組みがマイケル・ポーターの「3つの基本戦略」です。ポーターの貢献は**「戦略の選択は、突き詰めるとコストで勝負するか付加価値で勝負するか、そのどちらでもなければニッチに特化するかしかない」**と言い切ったことです。大胆な単純化ですが、戦略立案の重要な視点を言い当てています（右図）。

①コスト・リーダーシップ：他社との差別性はないが、低コストで低価格を実現。顧客は「他社と同じだけど安いから買う」のです。

②差別化：顧客が「他社にないものがあり、それが欲しいので（高くても）買う」という戦略です。付加価値で勝負します。スティーブ・ジョブズ時代のアップル製品がその代表例です。

③集中：ニッチ戦略です。狭いセグメントでトップを目指します。同じ集中戦略でも低コスト型・差別化型に分かれます。

「強み」は持続するか？

　上記のなかから明確な戦略の選択を行い、すべての要素（生産、営業、人材など）を戦略に整合させます。**中途半端や要素間の不整合は命取り**です。

　明確な選択を行い、要素を整合させても、強みが持続しないリスクはあります。常に強みが長続きするのかどうかをウォッチし、強みを持続させるアクションをとることが重要です。

　たとえば、コスト・リーダーシップの場合、規模や範囲の経済性、累積経験（**5-13**参照）など、構造的に競合が追随／模倣できない強みの構築ができないかを考えます。

3つの戦略
「コスト」「差別化」「集中」

競合優位性の源泉

低コスト ←→ 付加価値

		コスト・リーダーシップ戦略「他社と同じだけど安いから買う」	差別化戦略「他社にはないものがあるから買う」
市場／顧客の範囲	広い		
	狭い	集中戦略	

※マイケル・ポーター『競争の戦略』(ダイヤモンド社)を参考に筆者作成

5
事業戦略

戦略のタイプ	強みの源泉	リスク（強みが持続するのか？）
①コスト・リーダーシップ	低コスト→低価格	●他社が能力／資産を獲得してコストを下げる ●競合がまったく違う方法で低コストを実現する
②差別化	顧客が評価し、かつ他社が提供できない価値	●顧客ニーズが変化して価値を認めなくなる ●代替品が現れ、よりよい価値を提供する
③集中（ニッチ）	大手が入ってこない障壁	●集中した市場が縮小／消滅する ●環境変化により障壁が消え大手が参入する

強みが持続しないリスクもある。強みが長続きするかをウォッチし、アクションをとることが重要

08 ／ 競争地位によって戦略を変える

4つのポジションとその戦略

　戦略とは差別化、すなわち他社と違うことをやることです。では、何を視点に戦略を変えるのでしょうか。現代マーケティングを確立したフィリップ・コトラーは**「事業の競争上の地位によって異なる戦略をとるべきだ」**と考えました。経営資源の「量の大小」「質の高低」によって事業の地位は異なるはずで、戦略も異なるべきであるという考え方です（右図）。

①リーダー：トップの地位を守る戦略。競合が局地戦で勝たないように全方位で事業を行う、競合が新しいことを始めたら模倣するなどです。模倣は通常よくない打ち手ですが、大規模でやればNo.2以下を打ち負かすことができます（右のケーススタディ参照）。

②チャレンジャー：リーダーに量・質で若干劣っているという地位です。リーダーと同じことをやれば規模で負けるので、リーダーができない／やりたがらないことを探して戦います。差別化です。

③ニッチャー：規模は小さいが他社にない強み（資源／能力）をもつ場合です。その強みが活きる小さなセグメントを見つけて資源を集中投入し、そのセグメントでは圧倒的No.1を目指します（**5-07**の集中戦略と基本的には同じ）。

④フォロワー：量でも質でも劣後している場合です。これは辛い地位ですが、何とかして出口を見つけなければいけません。たとえば、「大手が先行投資して行ったことを先行投資なしに模倣して低コストで戦う」「大手と合併する」「見出した強みの候補を育成しニッチャーになる」、あるいは「何らかのイノベーションを起こして業界自体を変えてしまう（例：Airbnb）」などが考えられます。

コトラーが唱えた
4つのポジション

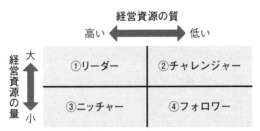

経営資源の質

高い ⟷ 低い

	経営資源の質 高い ⟷ 低い	
	①リーダー	②チャレンジャー
	③ニッチャー	④フォロワー

経営資源の量 大 ↕ 小

5

事業戦略

戦略のタイプ	企業の典型的な特徴	典型的な戦略の例
①リーダー	業界トップ。量でも質でも他社を凌駕	●全方位化 ●競合が仕掛けてきたら同じことを「倍返し」する ●市場自体を拡大する／隣接市場を創出する ●下位企業を買収する
②チャレンジャー	業界上位だが、リーダーには量・質で若干劣る	●差別化（リーダーがやっていないこと／できないことをやる） ●下位企業のシェアを奪う／下位企業を買収する
③ニッチャー	業界では下位だが、独自の資源／能力をもつ	●自社の強みが活きる小さなセグメントを特定／創出し、そこで圧倒的No.1になる
④フォロワー	量でも質でも劣る。強みの源泉となり得る資源／能力がない	●大手を低コストで模倣する ●ニッチャーとなり得る強みを育成する ●業界の競争のルール自体を変える ●大手と合併する

ケーススタディ 競合が仕掛けてきたら「倍返し」

ドリンクNo.1の日本コカ・コーラ（CCJC）は、意識的にチャレンジャーの模倣を行う。缶コーヒー、スポーツドリンク、烏龍茶、ブレンド茶など、他社はCCJCにない画期的な商品を先に出してきたが、CCJCはそのすべてを模倣し、50%強という圧倒的なシェアの自販機で巻き返している。

09 / バリューチェーン上の ポジションはどこか

バリューチェーン上のポジションを再考する

PART4で解説したバリューチェーン上のどこで事業を行うかも重要な意思決定です。**現時点でのポジションがベストとは限りません。**たとえば、今まで製品を小売店に販売してもらっていたなら、自らが川下に出て直営店舗で販売すべきか、などを考え直します。

ここではバリューチェーン上での自社のあるべきポジションを考える際の代表的な視点を紹介しましょう。

ポジションを再考する3つの視点

①**価値の大きさ・価値の移動**：顧客が価値を感じるのはどこか、顧客が価値を感じる場所が動いているか？　たとえば、携帯電話は初期はつながりにくい場合もあり、「どこでもつながる」が価値でした。バリューチェーン上では「ネットワーク構築」です。今日では顧客が価値を感じるところがバリューチェーン上の別の場所、たとえば携帯電話のデザインなどに移動しています。

②**競合優位性**：他社と比べて相対的に優位な活動はどれかを考えます。自社の強みが活きる活動に絞って事業を行い、それ以外は外部委託する、あるいは他社と連携するほうがよいのかもしれません。

③**関所**：顧客に価値を届ける際に、通り道が1カ所しかない場合、そこを押さえている企業が利益の大半を取りがちです。たとえばPCで資料を作成し、配布し、読んでもらうというバリューチェーンを見ると、OSのウィンドウズが圧倒的なシェアで関所になっていることがわかります。他社が関所を押さえると脅威ですが、逆に自社が関所をつくることができないかを考えます。

バリューチェーンで戦略を考える 3つの視点

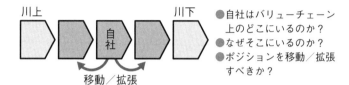

川上　　　　　　　　　　　川下

自社

移動／拡張

● 自社はバリューチェーン上のどこにいるのか？
● なぜそこにいるのか？
● ポジションを移動／拡張すべきか？

5

事業戦略

① 価値の大きさ、価値の移動

（例）携帯電話

| 生産 | デザイン | 販売 | ネットワーク |

○　　　●　　　○　　　●

価値の移動（つながる→おしゃれなデザイン）

● 顧客が大きな価値を感じているのはどこか？
● 価値は移動しているか？

② 自社の競合優位性

| 研究開発 | 商品設計 | 生産 | マーケティング |

NO　　　YES　　　NO　　　NO

競合優位性があるか？

● 自社が他社と比べて相対的に強いのはどこか？

③ 関所

（例）PCで資料を作成し読んでもらう

| アプリ | OS | 入出力 |

ワープロソフト
表計算ソフト
プレゼン資料ソフト

ウィンドウズ
関所
（Choke point）

A社のPC
B社のPC
C社のPC
D社のプリンター

● バリューチェーンのどこかに関所はないか？

他社が関所を押さえると脅威となるが、逆に自社が関所を押さえられる戦略を考える

10 / 「リソース」を構築する

5-07 〜 5-09 では「自社をどこに置くか」（ポジショニング）という視点で戦略を考えてきました。ところが、どんなによいポジションが見つかっても、そこで勝つためのリソース（資源／能力）がなければ絵に描いた餅です（ポジショニング重視、リソース重視の戦略観に関しては 3-04、3-05 参照）。

リソースを分解して考える

リソース（資源／能力）とは何でしょうか？　ここでは代表的なリソースの要素を 3 つ紹介します。

①**能力**：勝つための製品／サービスを市場に出すためにどのような能力を磨くのかを定義します。たとえば「生産力を強くする」では曖昧です。同じ生産でも多品種少量生産と大量生産ではまったく違います。大量生産が得意な企業が、多品種少量生産が成功のカギになるような戦略を立案しても成功しないでしょう。

②**資源**：典型的にはいわゆる「ヒト、モノ、カネ」です。ここでも曖昧なままではなく、たとえば、ヒト（人材）であれば、どんなスキルの営業担当者が何人必要なのか、分解して考えます。

③**仕組み**：②の資源を使って、①で定義した能力を育成するための仕組みが必要です。ヒト（人材）の例を続ければ、どんな組織が必要なのか、採用から配置、育成までどんなプロセス（いつ、誰が、何をするか）を構築するのか、さらにどんな価値観・文化をいかにしてつくるのかを考えます。

なお、リソース構築を考える前段として内部リソースの分析が必要です。内部環境分析に関しては 4-12 〜 4-13 を参照してください。

代表的な3つのリソース
「能力」「資源」「仕組み」

厳密に分解する。どんな能力を磨くのか？

① 能力

技術力	→	（例）基礎技術力？　応用技術力？ ……
生産力	→	（例）多品種少量生産力？　大量生産力？ ……
営業力	→	（例）中流家庭の個別訪問販売での営業力？ ……
⋮		

5 事業戦略

② 資源

ヒト	●質：どのようなスキルをもった人材？ ●量：何人？
モノ	●（例）生産設備？　コールセンター？　データセンター？ …… ▶どんな仕様？　規模は？
カネ	●量：どの程度？ ●時期：いつまでに？

③ 仕組み

（例）ヒト（人材）の場合

組織	●どんな人材育成組織が必要か？　人事部だけでよいのか？ 組織のミッション、規模、権限は？
プロセス	●人材育成のプロセスは？（採用→配置→育成〈OJT、 Off JT〉 →評価→報酬→昇進／配置転換など）
価値観・文化	●どんな価値観・文化を目指すのか？（どんな人材がよい人材で ある、と皆が思うようにするか）

> よいポジションが見つかって
> も、そこで勝つためのリソー
> スがなければ絵に描いた餅と
> なってしまう

11 / 「競合優位性」を構築する

　戦略とはポジションを決めたり、リソースを強化したりすることですが、どちらの場合も「競合優位性の構築」、すなわち競争に勝つために競合よりすぐれた状況をつくることが目的です。ここでは、競合優位性の構築の際に陥りがちな落とし穴について見ていきましょう。

①絶対評価・自己評価しない：「自社の技術力は90点で強い」と思い込んでいても、競合も90点であれば、これは強みではありません。あるいは、顧客が技術力ではなく対応スピードで自社か競合かを選んでいるとしたら、技術力は強みではありません。優位性は競合との相対評価、顧客の評価で決まります。

②勝つための必要条件と十分条件を混同しない：競合の技術力が皆90点ならば自社も90点でないと顧客の選択肢の1つに加えてもらえません。この場合、技術力は競争の土俵に上げてもらうための入場券、すなわち必要条件です。必要条件を満たしたからといって勝てるわけではありません。勝つためには必要条件を超えた何か、すなわち十分条件を見つける必要があります。必要条件だけを満たして安心するのは大きな間違いです。

③競合優位性が持続すると思い込まない：仮にめでたく競合優位性を構築できたとしても、それが長続きすると思い込むのは危険です。競合が模倣して追いついてくるかもしれません。また、技術革新、制度の変化、顧客ニーズの変化などにより、環境が変化して優位性が崩れるかもしれません。常に競合の模倣、環境変化をウォッチし、危険な兆候を先読みして先手を打ち続ける必要があります。

競合優位性を構築する際の
3つの留意点

①絶対評価ではなく相対評価、自己評価ではなく顧客の評価

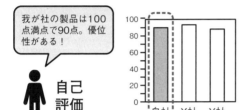

我が社の製品は100点満点で90点。優位性がある！

自己評価

どの会社の製品も90点前後で似たり寄ったり

顧客の評価

5
事業戦略

②勝つための必要条件と十分条件を混同しない

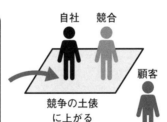

勝つための必要条件

顧客が選択肢の1つとして自社を認識するための要因

自社　競合

競争の土俵に上がる

顧客

勝つための十分条件

顧客が選択肢のなかから（他社ではなく）自社を選ぶ要因

③競合優位性がいつまでも持続すると思い込まない

競合優位性が持続しないリスク

競合の模倣	環境の変化
模倣困難性 5-12 ～ 5-15	●技術革新 ●制度の変化 ●顧客ニーズの変化

12 ／ 資源／能力の 模倣しにくさを分析

外部調達や内部育成の難しさが「強み」になる

「競合がやるなら我が社もやる！」とお互い模倣し合った結果、同質化競争に陥って誰も儲からなくなるのはありがちな失敗です。戦略の本質は差別化、すなわち「他社と違うことをすること」なので、**競合が模倣にくい資源／能力を育成・維持することが重要**です。

自社の資源／能力が他社にとって模倣困難かどうかを分析するための代表的な視点を見てみましょう。

①**外部調達困難性**：たとえ自社に強みがあったとしても、競合が同じ強みを外から調達すれば互角になってしまいます。**誰もが外からお金で買えるものは本質的な強みにはなり得ない**のです。

②**内部育成困難性**：自社に独自の強みがある場合でも、競合が資源を投入して同じ強みを内部で育成できてしまうのであれば差別化になりません（ただし育成に何年もかかる場合は、競合に追いつかれるまでの間は優位性を保つことができます）。 したがって、競合が短期に、あるいは容易に内部育成できないような強みは何かを考え抜く必要があります。たとえば、圧倒的な大量生産でコストを下げるユニクロのような「規模の経済性」（5-13 参照）による強み、あるいは試行錯誤の経験を多く積んだほうが圧倒的に不良品率が下がる半導体のような「累積経験」（5-13）による強みは、いったん規模や経験を達成した企業がますます強くなるので、後発企業が模倣しても追いつけません。

③**制度による参入障壁**：たとえば、特許制度や許認可制度です。ただし特許も有効期限があり、また許認可制度も変更される可能性があるので、制度による優位性に安住するのは危険です。

模倣困難度を分析するための 3つの視点

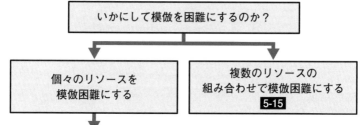

いかにして模倣を困難にするのか？

個々のリソースを模倣困難にする

複数のリソースの組み合わせで模倣困難にする 5-15

5 事業戦略

視点	自社の思い込み	競合の対応
①競合が外部調達できるか？	「我が社には他社がもっていない強い技術がある」	「ライセンスを導入しよう」「高給で技術者を引き抜こう」
②競合が内部育成できるか？	「他社は我が社の技術を外部調達できないし、内部にももっていない」	「時間はかかるかもしれないが、ヒトとカネを投資して技術開発しよう」
③制度で参入を阻むことができるか？	「この事業は許認可制。他社はできない」	「行政に働きかけて許認可制を廃止しよう」

「模倣困難」だと思っても競合は追いついてくる場合がある

13 ／ 「模倣」や「参入」を 構造的に防ぐ方法（１）

　前項で述べたように、自社が事業に成功すれば競合は模倣してきます。また、魅力的な市場があると気づけば参入してくるでしょう。結果として競合優位性が長続きしないことが多いのですが、ここでは模倣や参入を「構造的に」困難にする代表的な打ち手を紹介します。

①規模・範囲の経済性を確立する

　事業の規模が大きくなる、あるいは範囲が広くなると経済性が向上する現象です。たとえば、製造業では生産量が多くなると製品１個あたりのコストが下がる、あるいは多くの種類の製品をつくると製品１種類あたりのコストが下がる場合があります。規模・範囲の経済性が効く代表的な理由は固定費です。固定費は生産量や生産種類の多少にかかわらず一定なので、単位コストが下がります。

　したがって、**先行企業が先に規模・範囲の経済性を確立すると、小規模で範囲が狭い事業を行っている企業が追いつけない状況をつくることが可能**です。

②累積経験を積む

　同じことを繰り返し経験すると習熟（慣れ）によりパフォーマンス（コスト、スピード、不良率など）が改善する現象です。もともとは製造業において累積生産数が２倍になると、生産コストが一定割合で下がることが経験的に知られていました。その後、製造業以外や生産コスト以外でも同様の現象が観察され、コンセプトが一般化しました。したがって、**累積経験がない企業は、累積経験を積んだ先行企業に追いつけない**という構造ができあがります。

「規模・範囲の経済性」と 「累積経験」

①規模・範囲の経済性

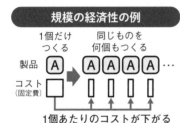

規模の経済性の例

1個だけ つくる → 同じものを 何個もつくる

製品 Ⓐ → ⒶⒶⒶⒶ …

コスト（固定費） □ → ｜｜｜｜

1個あたりのコストが下がる

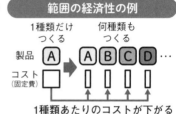

範囲の経済性の例

1種類だけ つくる → 何種類も つくる

製品 Ⓐ → ⒶⒷⒸⒹ …

コスト（固定費） □ → ｜｜｜｜

1種類あたりのコストが下がる

5

事業戦略

②累積経験

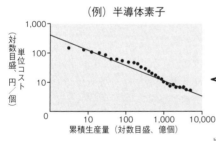

（例）半導体素子

縦軸：単位コスト（対数目盛、円／個）1,000 / 10 / 0
横軸：累積生産量（対数目盛、億個）10 100 1,000 10,000

> 同じことを繰り返して経験すると習熟によりパフォーマンス（コスト、スピード、不良率など）が改善する

出所：ボストン コンサルティング グループ

> 規模・範囲の経済性が効く代表的な理由は固定費。固定費は生産量や生産種類の多少にかかわらず一定なので、単位コストが下がる

14／「模倣」や「参入」を構造的に防ぐ方法（2）

前項に引き続き、模倣や参入を「構造的に」困難にする代表的な打ち手を紹介しましょう。

③ネットワーク外部性を構築する

同じ製品・サービスを使う顧客の数が増えれば増えるほど、その製品・サービスから得られる価値が増加する現象です。たとえば、ビデオ会議でZOOMを使う人が多ければ、ますますZOOM以外のビデオ会議は使わなくなります。新規顧客は価値の大きいほう（すなわち既存顧客の数が多いほうのネットワーク）に雪だるま式に加入するので、後発企業は追いつくのが構造的に困難になります。

④スイッチング・コストを高くする

顧客がいったんある企業の製品・サービスを使って慣れてしまうと、他社の製品・サービスに乗り換えるにはコスト（時間、手間なども含む）がかかるので、他社の製品・サービスのほうが多少よくても乗り換えないという状態です。たとえば、PCの操作でウィンドウズに慣れてしまうと、「マックは操作コマンドが異なるため使えない」と顧客が考える場合がこれに当てはまります。

以上、参入障壁・模倣困難性を築く代表的な打ち手を紹介しましたが、共通している点は**「先行者が有利である」**ということです。これを**先行者利益**といいます。また、いったん差がつくと構造的に差を埋められないため、自社に有利な状況に早くもち込むことが重要です。すなわちスピードが大切です。

「ネットワーク外部性」と 「スイッチング・コスト」

③ネットワーク外部性

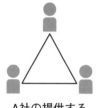

どちらに入ろうか？ やはり利用者の 多いB社か……

A社の提供する ネットワーク

新規顧客

B社の提供する ネットワーク

5

事業戦略

④スイッチング・コスト（例）電卓

スイッチ（乗り換え）？

A社

いったんキーの配列に慣れてしまうと他社製品には乗り換えできない

B社

顧客（使用者）

参入障壁・模倣困難性を築くポイントは、「先行者が有利である」こと。つまりスピードが命！

15 / 要素の組み合わせで競合優位性を築く

　場合によっては、複数の要素の組み合わせで競合優位性を築くことが可能です。個々の要素だけを取り上げるとそれが強みの源泉になっているようには見えないのですが、**複数の要素の組み合わせによって強みが構築されている場合、模倣が困難になる**という考え方です。

　要素の組み合わせを分析するのが、マイケル・ポーターが提唱した「アクティビティ・システム」です。楠木建氏が提唱した「ストーリー」も同様に、個々の要素ではなく、それを組み合わせた「ストーリー」によって競合優位が構築されるという考え方です。

「ZARA」のリソースの組み合わせ

　2-07 で紹介した ZARA を見てみましょう。ZARA は刻々と変わる流行に敏感な若者がターゲットです。

　流行に敏感で1シーズンしか着ないので耐久性は不要で、簡単な縫製で十分。簡単な縫製なら安くつくれるので売価を安くできます。安ければ若者は多頻度で購入します。簡単な縫製なら素早い製造が可能なので、短いリードタイムで生産し、新商品を毎週店舗に置くことができます。次々と新商品が出るので、流行に敏感な若者は毎週来店します。顧客が毎週来店すれば、高コストのファッション誌広告は不要です。高コストの広告が不要なので売価を安くできます。リードタイムが短いので、店長が売れ筋をこまめに適量だけ発注してもすぐに店舗に届きます。そのため、品切れ・売れ残りが少ないのです。

　このように個々の要素の単独の強みではなく、複数の要素がつながって強みをつくっているため、**競合が一部分だけ模倣しても同じ強みを構築できない**のです。

リソースの組み合わせで
模倣困難性を高めたZARA

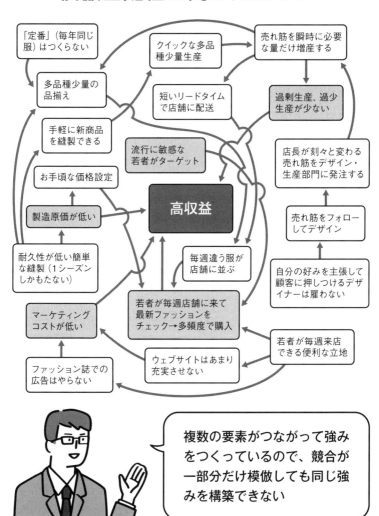

「定番」（毎年同じ服）はつくらない

クイックな多品種少量生産

売れ筋を瞬時に必要な量だけ増産する

多品種少量の品揃え

短いリードタイムで店舗に配送

過剰生産、過少生産が少ない

手軽に新商品を縫製できる

流行に敏感な若者がターゲット

店長が刻々と変わる売れ筋をデザイン・生産部門に発注する

お手頃な価格設定

高収益

売れ筋をフォローしてデザイン

製造原価が低い

耐久性が低い簡単な縫製（1シーズンしかもたない）

毎週違う服が店舗に並ぶ

自分の好みを主張して顧客に押しつけるデザイナーは雇わない

マーケティングコストが低い

若者が毎週店舗に来て最新ファッションをチェック→多頻度で購入

若者が毎週来店できる便利な立地

ファッション誌での広告はやらない

ウェブサイトはあまり充実させない

5 事業戦略

複数の要素がつながって強みをつくっているので、競合が一部分だけ模倣しても同じ強みを構築できない

16 / 「事業成長のステージ」によって戦略を変える

　マップ上のポジションで戦略を変えるという考え方（**5-06 参照**）に対して、**時間軸で戦略を変える**という考え方があります。代表的な時間軸として**「事業の成長ステージ」**と**「プロダクト・ライフサイクル」**（**5-17**）があります。

　事業の成長ステージという時間軸で戦略を考えるのが、ボストン コンサルティング グループによって提唱された**「BCG ダイヤモンド」**です。事業の進化を**①創造期、②成長期、③優位性確立期、④効率性追求期**の４つに分け、それぞれのステージで戦略を変えるべきであるという考え方です。

①創造期：この段階ではさまざまな打ち手を試しては失敗し、そこから学ぶというトライアンドエラーを繰り返し、そのなかから勝てる戦略をつくり上げていきます。おそらく利益はまだ出ない状態です。

②成長期：有効な戦略が見えてきたら事業が軌道に乗り始め、事業は成長します。トライアンドエラーはそろそろやめて、戦略を確定し実行していきます。利益も出始めます。

③優位性確立期：戦略およびその実行が軌道に乗ると、優位性が確立されます。利益率も利益額も向上します。優位性をさらに確固たるものにするために、優先順位を「戦略」から「オペレーション」に移し、徹底した生産性向上策を始めます。

④効率性追求期：生産性向上が軌道に乗れば利益率はさらに向上します。ところが、市場の成熟、競合の増加、顧客ニーズの変化などにより事業が衰退し始めます。ここで先手を打って自己否定し、再び①の事業創造に戻ってイノベーションを起こす必要があります。

「戦略の選択」と「BCGダイヤモンド」

戦略の選択

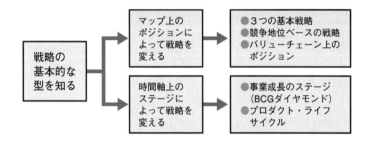

| 戦略の基本的な型を知る | → | マップ上のポジションによって戦略を変える | → | ●3つの基本戦略
●競争地位ベースの戦略
●バリューチェーン上のポジション |
| | → | 時間軸上のステージによって戦略を変える | → | ●事業成長のステージ（BCGダイヤモンド）
●プロダクト・ライフサイクル |

5

事業戦略

BCGダイヤモンド

イノベーション
①創造期
事業立ち上げ
④効率性追求期
②成長期
③優位性確立期
業務オペレーションの確立
事業戦略の確立

①創造期、②成長期、③優位性確立期、④効率性追求期の4つに分け、それぞれのステージで戦略を変える

17 / 「製品進化」によって戦略を変える

　同じ時間軸ベースの戦略でも、前項の事業進化という時間軸ではなく、製品進化という時間軸によって戦略を変えるという考え方が**プロダクト・ライフサイクル理論**です。

コトラーの「プロダクト・ライフサイクル理論」

　新しい製品・サービスの普及には、右図上に示す異なる5つのタイプの顧客が存在するという理論があり、ステージによって人数、求める価値、嗜好も異なります（エベレット・ロジャーズの**イノベーション普及理論**）。

　また、②アーリーアダプターと③アーリーマジョリティの間には大きな壁（キャズム）があり、これを超えないと製品・サービスはマジョリティに普及しないといわれます（ジェフリー・ムーアの**キャズム理論**）。

　そのうえで、製品のライフを4つのステージに分けて考えるのがプロダクト・ライフサイクル理論です。これは、さまざまな研究を経たのち、フィリップ・コトラーによって普及した理論です。各ステージにおいて新規顧客のタイプや競合数が異なり、結果としての数字（売上、利益、キャッシュフロー）も違ってきます。**戦略目標も異なってくるため、各ステージにおける打ち手も変わってくる**はずです。

　たとえば競合に対する打ち手ですが、導入期では市場拡大優先なので競合が参入してともに市場を広げることは歓迎です。成長期は競合とともに成長しますが、同時に競合に負けない優位性を構築します。成熟期に入れば競合を脱落させる手を打ち、衰退期では生き残った少数の競合と残存者利益を享受するために不毛な競争は避けます。

プロダクト・ライフサイクル

製品・サービスの普及（イノベーション普及理論とキャズム理論）

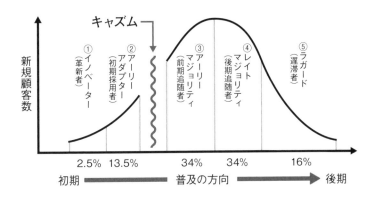

5

事業戦略

プロダクト・ライフサイクルによって戦略を変える

		導入期	成長期	成熟期	衰退期
財務指標	売上	極小	急成長	低成長	下降
	利益	マイナス	高水準	減少	低水準
	キャッシュフロー	マイナス	±0	プラス	低水準
外部環境	顧客	イノベーター	アーリーアダプター	アーリー＆レイトマジョリティ	ラガード
	競合	ほとんどなし	増加	多数	減少
戦略目標		市場拡大 ・利益より市場拡大 ・競合参入もOK	シェア拡大 ・圧倒的な競合優位性構築 ・積極投資	シェア維持 ・競合を蹴落とす ・優位性を持続 ・慎重な投資	生産性向上 ・残存者利益の確保 ・投資を抑える

18 ／ 無競争の市場をつくる ブルーオーシャン戦略

　競合との不毛な競争に明け暮れる市場を「**レッドオーシャン**」であるとし、競争のない新たな市場「**ブルーオーシャン**」をつくるべきであるという理論が「ブルーオーシャン戦略」です。そのためのフレームワークとして提唱されたのが「**戦略キャンバス**」です。

「やめる」「加える」で競合と差別化する

　戦略キャンバスでは、顧客の評価項目に沿って自社と競合をプロットします。その意味ではマップを使ったポジショニング（**5-06** 参照）です。

　次に「競合と大きく違うことをできないか」を考えます。具体的には、競合と比べて**①増やすもの、②減らすもの、③やめるもの、④新たに加えるものは何か**を検討します。

　従来の競争戦略では、①増やすもの、すなわち競合を凌駕することばかりを考えがちなので、レッドオーシャン化してしまいます。ブルーオーシャン戦略ではむしろ②③④、特に「**やめる**」と「**加える**」**が重要**です。顧客があまり評価していないものは大胆にやめ、顧客の満たされないニーズに対応する新たな価値を加えます。

　たとえば、QB ハウスは、髭剃り、シャンプー、お茶などをやめることにより、10 分 1000 円の散髪を実現しました（創業後 20 年以上にわたり価格は 1000 円でしたが、2019 年に 1200 円に価格改定）。そのために水を一切使わず、切った髪をバキュームで吸い取るエアウォッシャーを加えています。また、顧客が用事のついでに手軽に散髪できるように、普通の理髪店が嫌がるショッピングモールや駅のトイレの近くに立地するなど、新しい価値を加えています。

「戦略キャンバス」で
競争のない市場をつくる

戦略キャンバスの概念

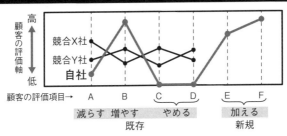

※W・チャン・キム／レネ・モボルニュ『［新版］ブルー・オーシャン戦略』（ダイヤモンド社）を参考に筆者作成

（例）QBハウス

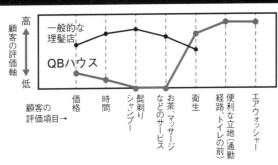

※「QBハウス」へのインタビューにもとづき筆者作成

QBハウスは髭剃りやシャンプーなどをやめ、エアウォッシャーや便利な立地といった価値を新しく加えた

5

事業戦略

19 / 「不確実性」が増している時代の戦略

　ますます不確実性が増している現代においては、従来型の戦略立案が機能しにくい場合もあります。ここでは、不確実性に対処するための代表的な視点を紹介しましょう。

①シナリオ・プランニング：4-11 で複数のシナリオを描く分析手法を紹介しました。それを受けて、まずはそれぞれのシナリオごとに打ち手を考えます。次に、複数のシナリオで共通の打ち手があれば着実に実行します。それ以外の打ち手は、どのシナリオが実現するかの先行指標 EWS（Early Warning Signals：アーリー・ウォーニング・シグナル）を定めてウォッチし、予兆が見えたら実行します。

②リアル・オプション：大きな意思決定を「先延ばし」する方法です。将来、複数のオプションのどれを選択すればよいかが現時点でわからない場合は、将来どのオプションも選択できるようにしておきます。たとえば、今すぐ工場を建設しないと将来需要が急増したときには手遅れになりそうな場合です。そうかといって今、大規模工場を建設すれば将来需要が伸びなかった場合は過剰投資で赤字に陥りそうです。そこで、「現時点では小さな工場を建設しておけば、将来どちらに転んでも対応できる」と考えます。

③未来をつくる：未来予測ではなく、自社が望む方向に未来を誘導します。魅力的な未来をアピールすれば、顧客、協力業者、規制当局などが賛同し、その未来に向けて動き出します。たとえば、ファッション業界。来年何色が流行るかを予想するよりも、「来年は青色を流行させる」と決めてファッションショーを開催し青色をアピールすれば、顧客がそれを信じて青色の服を買い始めるのです。

「不確実性」に対処するための 3つの視点

① シナリオ・プランニング

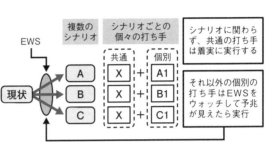

シナリオに関わらず、共通の打ち手は着実に実行する

それ以外の個別の打ち手はEWSをウォッチして予兆が見えたら実行

5 事業戦略

② リアル・オプション

（例）将来が読めない状況で工場を建設すべきか？

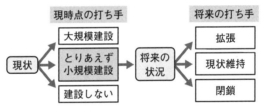

将来複数のオプションを選択できる打ち手を現時点では選択する

③ 未来を能動的につくる

未来を予測するのではなく……

自らの意思で自らの望む未来をつくる

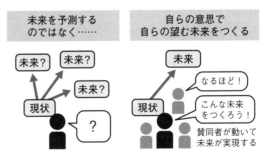

賛同者が動いて未来が実現する

20 / 相手の動きから戦略を考える「ゲーム理論」

　ゲーム理論では、戦略を囲碁のように「相手の打ち手を先読みしながら自分の打ち手を考えるゲーム」と捉えます。ゲーム理論は経済学において精緻に研究されていますが、その理論はここでは割愛し、経営戦略におけるゲーム理論的な思考と視点を見ていきましょう。

①競争と協調の混在

　たとえば、競合が値下げすればシェアを失います。この場合、先に値下げしてシェアを奪うべきでしょうか。ところが、競合も同じように考えて値下げすると両社とも利益を失います。あるいは両社ともお互いの打ち手を先読みして「値下げは両社とも利益を失うのでやめよう」と考えるかもしれません。結果としての「協調」です。従来の戦略論は「競争」に注目していましたが、現実では競争と協調が混在しており、両者を考えるのがゲーム理論です（談合による価格維持は違法ですが、ゲーム理論は談合せずに協調状態をつくるヒントを与えてくれます）。

②補完業者・協力業者

　協調という考えにより、補完業者・協力業者という新しいプレーヤーが重要になります。たとえば、1970年代後半に起きたVHS対ベータのビデオテープの規格競争では、直接の競合である家電メーカーの動向に加え、補完業者であるビデオソフトメーカー、レンタルビデオ業者の動向で勝敗が決まりました。デファクト・スタンダード（競争を通じて成立する事実上の標準）、プラットフォーム、エコシステム（PART9参照）では、補完業者・協力業者が重要なプレーヤーになります。

経営戦略を
ゲーム理論的視点で捉える

ゲーム理論とは

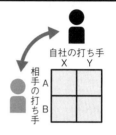

相手の打ち手を
先読みして自社
の打ち手を考え
る思考法

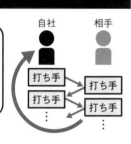

5

事業戦略

競争と協調は混在する

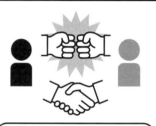

お互いが「先読み」をした
結果、競争ではなく協調す
る場合があり得る

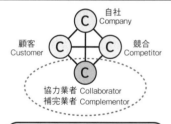

競争ではなく、協業・補完する
プレーヤーの存在が重要になる
場合がある（3Cから4Cへ）*

ビジネスでは、競争と協調が
混在している。両方の側面を
考えるのが「ゲーム理論」の
特徴

＊バリー・ネイルバフ／アダム・ブランデンバーガー『コーペ
ティション経営』（日本経済新聞出版）を参考に筆者作成

21 / 価値を顧客に届ける「手段」をミックスする

いわゆる「4P」はマーケティングのフレームワークであり、本書が扱う経営戦略の範囲外ですが、補足として簡潔に見てみましょう。

4Pを使うときの留意点

戦略と STP（**5-03** 参照）が決まったあとに、いかにして価値を顧客に届けるか、その「手段」を考えます。その手段のミックス（組み合わせ）を**マーケティング・ミックス**といいます。代表的なミックスが、フィリップ・コトラーが提唱した **4P（①製品、②価格、③流通、④広告宣伝）** です。ただし、以下の点には注意しましょう。

①顧客視点が抜けている

4P は企業側から見た表現なので、ついつい供給者の都合（サプライヤー・ロジック）で考えがちです。顧客の都合（ユーザー・ロジック）で考え直しましょう（右図中央）。

②オールマイティなリストではない

他のフレームワークと同様、4P はあくまで代表的な手段を列挙した「教科書」です。何が重要なマーケティングの手段なのかは毎回異なります。たとえば、ブランド品では 4P よりも「ブランド」が重要な要素です。

あるいは人によって提供される「サービス」の場合、サービスを提供する「人：People」や「プロセス：Process」も重要です。これを「6P」という人もいますが、それを丸暗記して何も考えずに使うのも「教科書化」です。毎回自分の頭で考えましょう。

マーケティングの4P

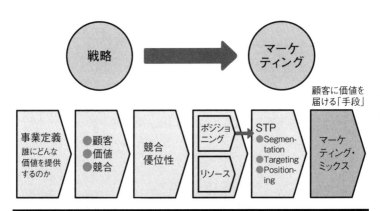

5

事業戦略

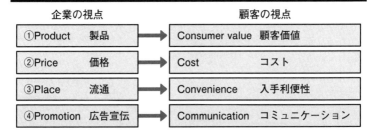

4Pは企業から見た視点 → 顧客視点で考え直す

企業の視点		顧客の視点	
①Product	製品	Consumer value	顧客価値
②Price	価格	Cost	コスト
③Place	流通	Convenience	入手利便性
④Promotion	広告宣伝	Communication	コミュニケーション

唯一絶対のフレームワークではない → 毎回考え直す

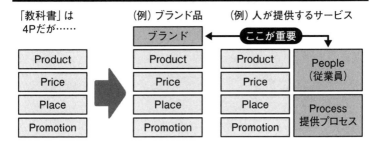

PART

6

コーポレート
戦略

多くの企業は1つの事業だけでなく、複数の事業を運営しています。そこで、「事業戦略」とは異なる「コーポレート戦略」が必要になります。ここでは、複数の事業をもつ企業のトップや本社が立案して実行する全社レベルの戦略について見ていきましょう。

ここで学べること

☐ 事業戦略とコーポレート戦略とでは頭の使い方が異なること

☐ コーポレートのトップや本社が行うべき仕事と役割

☐「強み」を活かした事業成長の方向性

☐ 資源の再配分を行う「ポートフォリオ・マネジメント」の方法（PPM：プロダクト・ポートフォリオ・マネジメント）

☐ 多角化によるシナジーが生まれるケース、かえって企業価値を下げるケース

☐ 異なる事業を統合する「全社ビジョン」

☐ 全社事業ドメインの決め方

☐ 状況に合わせた組織の設計法

☐ 変化に強い組織のつくり方（タスクフォース、アジャイル組織）

01 ／「コーポレート戦略」とは何か

複数の事業にまたがる「全社レベルの戦略」

PART5 では「事業戦略」（Business Strategy）、すなわち 1 つの事業の戦略について見てきました。ところが、1 つの事業しか行っていない企業はまれです。

企業は、1 つの事業で創業することが多いのですが、その事業が成功すると、次の事業を始めるのが通常です。結果として、多くの企業は複数の異なる事業を運営しています。

「コーポレート戦略」（Corporate Strategy）とは、**複数の事業をもつ企業の CEO（社長）あるいは本社（コーポレート）が立案して実行する全社レベルの戦略**です（**「全社戦略」**ともいいます）。

コーポレート戦略では「頭の使い方」が異なる

事業戦略とコーポレート戦略では「頭の使い方」がまったく異なります。

PART5 で解説したように、事業戦略では、「ターゲット顧客を誰にするのか」「誰を競合とみなすのか」は非常に重要な論点です。事業の責任者である事業部長が真剣に悩むべきです。

ところが、全社のトップである CEO から見ると、これらの論点は意味がありません。なぜならば、その企業は複数の異なる事業を営んでいるため、事業ごとに顧客や競合も異なり、「顧客は誰か」「競合は誰か」という問い自体が成り立たないからです。

では、複数事業をもつ企業の CEO（社長）、あるいは本社（コーポレート）にとっての論点とは何でしょうか？　次項以降で見ていきましょう。

「コーポレート戦略」は
「事業戦略」とは異なる

コーポレート戦略とは、複数の事業をもつ企業において
CEO（社長）・本社（コーポレート）が立案・実行すべき戦略

株式会社KADOKAWA
本社（コーポレート）

CEO（社長）

全社戦略
Corporate Strategy

6

コーポレート戦略

出版 事業	ゲーム 事業	アニメ 事業

事業
部長　　事業
部長　　事業
部長

事業戦略
Business Strategy

コーポレート戦略で検討すべき論点は、個別の事業戦略の論点とはまったく異なる

02 / 全社のトップにしか できない仕事（1）

CEOや本社が行うべき仕事

まずは、コーポレート（全社のトップ、本社部門）の役割について見ていきましょう。コーポレートでなければできない仕事は、主に6つあります。

①事業ポートフォリオ・マネジメント

経営学においては事業群のことを「事業ポートフォリオ」と呼びます。個々の事業ではなく、事業の「群」をいかにマネージするかは本社の仕事です。すなわち、どの事業を「始めるのか」「やめるのか」「分けるのか」、あるいは「統合するのか」です。

②事業間の資源再配分

事業に必要な資源（ヒト、モノ、カネ）をそれぞれの事業内でまかなっていると全社最適にならない場合は、本社がある事業から資源を吸い上げて他の事業にまわす必要があります。どの事業も資源を欲しがりますが、資源は常に有限なので、どの事業に優先的に資源を配分するかを決めるのはコーポレートの仕事です。

③事業間のシナジー・マネジメント

複数の事業が相互に作用し合って、それぞれがバラバラに運営しているときよりもパフォーマンスが向上する現象を「シナジー」と呼びます。コーポレート戦略は「いかに事業間シナジーを効かせるか」を考えて実行する必要があります。

本社（コーポレート）の仕事（1）

①事業ポートフォリオ・マネジメント

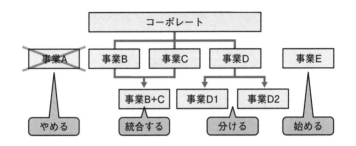

②事業間の資源再配分

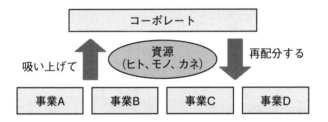

③事業間のシナジー・マネジメント

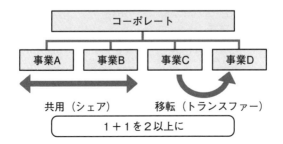

6

コーポレート戦略

03 ／ 全社のトップにしか できない仕事（2）

前項に引き続き、コーポレートの仕事について見ていきましょう。

④全社事業ドメインの設定とマネジメント

個々の事業は異なっていても、「全社としてこの範囲内で事業群を形成していく」という全社レベルの事業範囲（**全社事業ドメイン**）を決めてマネージするのもコーポレートの仕事です。たとえば、同じオートバイでスタートしたホンダとヤマハ発動機。ホンダはその後、四輪の自家用車、ジェット機などに事業を拡大した一方、ヤマハ発動機はモーターボート、マリンジェット、スノーモービルなどに事業を拡大しました。両社は全社事業ドメインの考え方が違うのです。

⑤全社ビジョンの作成と徹底

事業を行う際には、「何のためにこの事業は存在するのか」「誰にどのような付加価値を提供するのか」「何が正しいやり方なのか」などの「ビジョン」が重要になります。複数事業を営む企業の場合は、異なる事業であっても、全社共通の価値観、理念をもって個々の事業が運営されるようにマネージするのもコーポレートの仕事です。

⑥全社組織の設計と運営

個々の事業がその事業のなかで組織を独自に設計していては全社最適にならず、複数の事業にまたがる組織をつくったほうがよい場合もあります。たとえば、異なる事業間で工場を共有したほうがよいかもしれません。そのような場合、コーポレートは全社最適の視点から組織をつくる必要があります。

本社（コーポレート）の仕事（2）

④全社事業ドメインの設定とマネジメント

⑤全社ビジョンの作成と徹底

全社ビジョン

全社共通のビジョンにより、各事業の方向性がバラバラ状態のときよりも全社パフォーマンスが向上する

⑥全社組織の設計と運営

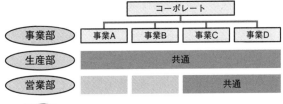

この他、「全社ガバナンスの仕組みの構築と実行」「株主マネジメントと企業価値の向上」「全社人材マネジメント」などもコーポレートの仕事

6

コーポレート戦略

04 事業拡張は既存事業の「強み」から

「アンゾフの成長ベクトル」で考える

多くの企業は最初の事業が軌道に乗ると、第2、第3の事業を始めることが多いですが、その際の事業拡張の視点は何でしょうか。

ここでは代表的な視点として**「アンゾフの成長ベクトル」**を紹介します。事業拡張を考える際に、市場と製品の2軸で拡張の方向性を考え、それぞれの軸で既存事業から新規事業への拡張を検討します。

自社の強みは顧客か？ 製品か？

ここで重要なのは、自社の「強み」が市場軸、製品軸のどちらにあるかの判断を間違えないことです。

新規事業とは新しいこと、すなわち経験がないことを始めるのですから、当然ながら成功確率は高くありません。**成功確率を上げるためには既存事業がもっている「強み」を活かすべき**でしょう。

なお、これは **6-08** で解説するシナジーという視点です。アンゾフの成長ベクトルは、「市場シナジー」「製品シナジー」のどちらを活かして事業を拡張するのか、という2軸です。

既存顧客を熟知しており、既存顧客から高い信頼を得ているのであれば、その強みを活かして既存顧客に新製品を売るほうが成功確率は上がります。逆に既存の製品に強みがあるのであれば、その強みを活かして既存製品の圧倒的な魅力で新規顧客を開拓するほうが成功確率は高くなるでしょう。

その意味で、**難易度が高いのは市場も製品も新規という場合**です。この場合は、市場も製品も未経験なのになぜ自社がこの新領域で競合に勝てるのか、という自社の強みを徹底的に考え抜く必要があります。

アンゾフの成長ベクトル

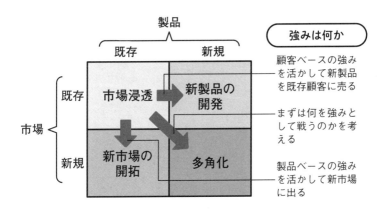

成長の方向性	戦略の概要	典型的な打ち手
市場浸透	既存市場で既存製品の売上を拡大	●競合からシェアを奪う ●市場自体を拡大する ●製品使用を増やす
新製品の開発	既存市場に新製品を導入	●製品ラインの拡張 ●既存製品に新機能を追加 ●新技術による新製品の追加
新市場の開拓	既存製品を新市場に導入	●新たな地域へ拡張する ●新たな市場セグメントに拡張する
多角化	新製品を新市場に導入	●もっとも難易度が高い ●既存事業とのシナジーを真剣に考える

※H・イゴール・アンゾフ『企業戦略論』（産業能率短期大学出版部）を参考に筆者作成

6

コーポレート戦略

05 / 資源を再配分して全体最適を実現する

ポートフォリオ・マネジメントで資源を再配分する

事業間の資源再配分を行い、事業群をマネージすることを**「ポートフォリオ・マネジメント」**と呼びます。

たとえば、ある市場が急成長している場合は、成長についていくために、大規模な投資が必要になるでしょう。「工場を拡張する」「営業担当者を増やす」などです。ところが、事業部が自分のもっている資源だけでやりくりしようとすると、市場成長に追いつかず競争から脱落する危険性があります。そのような場合、**本社が他の事業部から資源を吸い上げて、その事業部にまわすべき**でしょう。

異なる事業を「共通のモノサシ」で測る

ところが、それぞれの事業はまったく異なるので、どの事業がどのくらいの資源を必要としているかを横並びで判断する「共通のモノサシ」をつくることが難しいのです。共通のモノサシとしては、ボストン コンサルティング グループが考案した**PPM（プロダクト・ポートフォリオ・マネジメント）**が有名です。

PPMでは縦軸に「市場成長率」、横軸に「相対マーケットシェア」をとって各事業をプロットします。相対マーケットシェアとは「自社を除いて業界でNo.1の競合のシェアを1としたときの自社のシェア」のこと。この2軸であれば、異なる事業でも同じモノサシで定量化できます。

では、プロットしたあとに、どのような資源再配分の意思決定をすればよいのでしょうか。次項で考えていきましょう。

PPM：異なる事業を測る
共通のモノサシ

各事業はどこにプロットできるか？

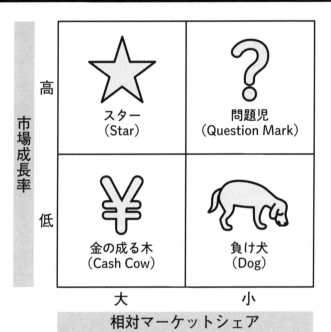

6

コーポレート戦略

縦軸に「市場成長率」、横軸に「相対マーケットシェア」をとり、各事業をプロットすれば、異なる事業でも同じモノサシで定量化できる

06 / PPMで資源再配分の意思決定をする

どこに位置するかで投資にメリハリをつける

　各事業が4象限のどこに入るか（右図）によって、メリハリをつけて資源投入を変えるのがPPM（プロダクト・ポートフォリオ・マネジメント）のポイントです。

①問題児：超積極投資 or 撤退する

　成長市場ですが業界下位。市場成長以上に成長しないとさらに下位に転落します。優位性構築が可能と判断した場合は、業界上位に移行できるくらい積極投資して成長します。そうでないと判断した場合は、市場が魅了的でも撤退します。中途半端な投資は最悪です。

②スター：積極投資する

　市場は成長、業界上位なのでグッドニュースですが、市場の成長スピードについていかないとあっという間に下位に転落します。大きく資源を投入して、今の上位ポジションをさらに強固にします。

③金の成る木：投資を抑えて刈り取る

　業界上位ですが市場成長は鈍化。成長鈍化は悪いことかもしれませんが、成長が鈍化して大規模投資が不要になるのはよいことです。ここでは投資を抑え、刈り取りに専念してキャッシュを稼ぎます。

④負け犬：原則として撤退する

　市場は成長しない。業界でも下位。おそらくそれほど儲かっていません。原則として撤退を考えます。

PPMで事業間の
資源再配分を考える

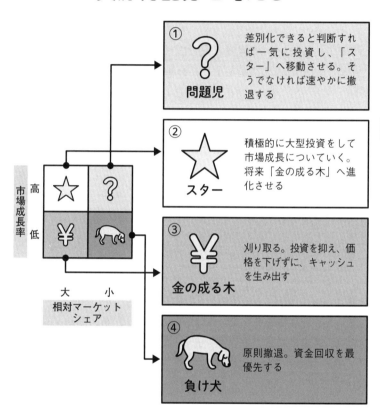

① **問題児** ❓
差別化できると判断すれば一気に投資し、「スター」へ移動させる。そうでなければ速やかに撤退する

② **スター** ☆
積極的に大型投資をして市場成長についていく。将来「金の成る木」へ進化させる

③ **金の成る木** ¥
刈り取る。投資を抑え、価格を下げずに、キャッシュを生み出す

④ **負け犬** 🐕
原則撤退。資金回収を最優先する

市場成長率 高 低

相対マーケットシェア 大 小

6 コーポレート戦略

ワンポイント 成長市場の誘惑

成長市場は魅力的に見えるが、誰もが参入するので競争が激烈になり、市場成長を超える莫大な投資が必要になる。したがって、競争に勝つための他社にはない強みがあり、かつ成長についていく大規模投資ができる場合のみに参入すべきである。

07 / PPMで事業の進化を マネージする

PPMでキャッシュの需要と創出力を把握する

PPM の縦軸の市場成長率は**「どの程度のキャッシュが必要となるか」**（キャッシュ需要）の代理指標です。市場成長のスピードが速いほど、成長についていくために多くのキャッシュが必要になります。

一方、横軸の「相対マーケットシェア」は**「どの程度のキャッシュを生み出すか」**（キャッシュ創出力）の代理指標です。業界での相対ポジションが高いほど、利益・キャッシュを生み出していると仮定しています。

キャッシュ創出力からキャッシュ需要を差し引いたものが、その事業がどの程度のキャッシュ余剰を最終的に生み出しているかを表しています。

事業を生み、育て、刈り取り、収束させる

キャッシュ余剰を生んでいる「金の成る木」から、キャッシュが足りない「スター」および（選択的に）「問題児」にキャッシュを動かす、というのが PPM の基本的な考え方です。

PPM によって事業の進化もマネージします。「問題児」の事業のなかから選択的に資源を投入して「スター」に育て、「スター」に対してはさらに資源投入を続けます。市場の成長が鈍化して「金の成る木」になった時点で投資を抑えて刈り取りに入ります。最後に市場ポジションが落ちて「負け犬」になったら撤退します。

このようにして**事業を生み、育て、刈り取り、収束させることを動的にマネージしながら、企業としての存続を維持する**のが PPM の基本思想です。

PPMでキャッシュの動きを マネジメントする

キャッシュフローの需要と創出力

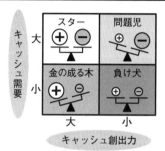

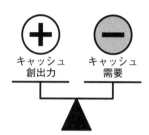

投資（キャッシュ）の マネジメント

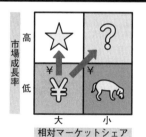

事業の盛衰のマネジメント （事業の進化）

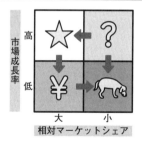

キャッシュを生んでいる「金の成る木」から、キャッシュが足りない「スター」「問題児」にキャッシュを動かすのが、PPMの基本的な考え方

08 / 複数事業による「シナジー」効果を生む

シナジー効果で成長したヤマハ発動機

シナジーとは 1+1 が 2 以上になることです。すなわち A 事業だけ、B 事業だけを営む異なる 2 社の企業の合計よりも、A 事業と B 事業の両方を営む 1 社の企業のほうが業績がよい状態をいいます。

たとえば、**6-03** で取り上げたヤマハ発動機。オートバイ、ボート、マリンジェット、スノーモービルなどの事業を営んでいます。異なる事業でも、小型エンジン技術を共用・移転することによって、それぞれを専業で行っている企業よりもコストが下がったり、開発スピードが短縮できたり、より高性能の製品をつくることができているのであれば、シナジーが効いていることになります。

利益を出していない「言い訳」に使われることも

シナジーには「**活動の共有**」と「**コアコンピタンス（4-12、4-13参照）の共有**」があります。

活動の共有とは、研究開発、生産、営業などの活動を複数の事業が共有する場合です。たとえば、異なる事業の製品を同じ工場でつくる場合は、生産という活動を共有しているわけです。

また、1 つの事業で培った強み（コアコンピタンス）を他の事業で活かすことが、コアコンピタンスの共有です。

ただし、本当にシナジーが効いているのかどうかを判断する際は注意が必要です。下手をすると、「我が A 事業部はあまり利益を出していないが、B 事業部とのシナジーがあり、2 事業部合計では立派に貢献している」といった**「言い訳」にうまく使われてしまう場合も多い**からです。

シナジーとは「1＋1が2以上になる」こと

単一事業の独立した2社の合計よりも2事業をもつ1社のほうが
パフォーマンスが高い場合、「シナジーが効いている」という

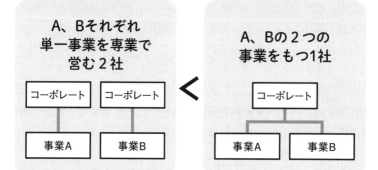

6
コーポレート戦略

シナジーのタイプは2つ

活動の共有 (Shared Activities)	コアコンピタンスの共有 (Shared Core Competence)

事業活動を複数事業が共有
することにより……

● コストが下がる
● レベニュー（収入）が上がる

研究開発 ＞ 生産 ＞ マーケ・営業 ＞ 間接部門 ●人事 ●総務など

事業A　事業B　事業C

共有できる
コアコンピタンス（強み）

※ジェイ・B・バーニー『企業戦略論：競争優位の構築と持続』（ダイヤモンド社）を参考に筆者作成

09 ／ 多角化でシナジーが生まれるとは限らない

多角化すると複雑性が増す

　シナジーを生み出そうとして事業の多角化を行う場合、そのデメリットに注意しなければなりません。かえって収益が減少したり、組織機能が低下したりする可能性もあります。

　共通のモノサシで複数の事業を測ったり、前述のポートフォリオ・マネジメントのように複数の事業間で資源の再配分を行ったり、本社はかなり複雑なことをしなければなりません。その結果、**本社が肥大化してそのコストが全体の収益を圧迫したり、意思決定・アクションのスピードが遅くなったりする**場合があります。

　また、複数事業が共通機能を使うと複雑性が増します。たとえば、工場を複数の事業が共有する場合、「工場はどの事業の生産を優先するのか」「どの事業にどれくらいの時間や資源を割くのか」などを決めるための複雑な意思決定の仕組みが必要になり、スピードが遅くなりがちです。

「平均化」の罠

　複数事業が共通機能を使う場合、各事業のニーズは一致しません。たとえば、異なる事業が共通の営業本部に製品を売ってもらう場合、各事業が求める営業担当者の資質が異なるかもしれません。

　そうなると、**営業本部は各事業のニーズを足して割った資質をもつ営業担当者を育てるという「平均化」**を行いがちです。その結果、どの事業のニーズにも合致せず、「使えない営業担当者」ができあがってしまいます。

多角化しても
シナジーが生まれないケース

複雑性が増す

| 事業A | 事業B | 事業C |

↓ ↓ ↓

共有する
活動

同時に依頼が来
たらどちらを優
先するのか？

コスト 複雑性を管理するコストがかさむ？
スピード 複雑性を管理するため時間がかかる？
品質 管理に手間を取られて本来の活動の質が下がる？

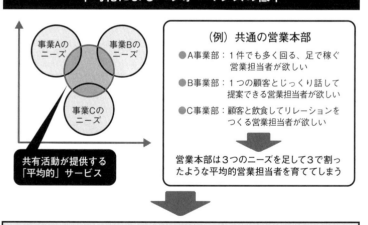

平均化によるパフォーマンスの低下

事業Aの
ニーズ
事業Bの
ニーズ
事業Cの
ニーズ

共有活動が提供する
「平均的」サービス

（例）共通の営業本部

● A事業部：1件でも多く回る、足で稼ぐ
　　　　　　営業担当者が欲しい
● B事業部：1つの顧客とじっくり話して
　　　　　　提案できる営業担当者が欲しい
● C事業部：顧客と飲食してリレーションを
　　　　　　つくる営業担当者が欲しい

↓

営業本部は3つのニーズを足して3で割っ
たような平均的営業担当者を育ててしまう

↓

結局どの事業から見てもニーズにフィットしないサービスを提供
➡ その結果、各事業のパフォーマンスが下がる

6

コーポレート戦略

10 ／ シナジーの不発が企業価値を下げるケース

　複数事業を営むことによってシナジーが生まれることもあれば、反対に、それが企業価値を下げることもあります。

コングロマリット・プレミアム

　シナジーを株式市場から見るとどうなるのでしょうか。

　上場企業の場合、企業の価値は「時価総額」（＝株価×株式数）で表されます。ある企業 X 社が複数事業を営むことによってシナジーが生み出されていれば、各事業が独立した 1 企業として上場した場合の時価総額の合計よりも、X 社の時価総額が高いはずです。これを金融用語では**「コングロマリット・プレミアム」**といいます。

コングロマリット・ディスカウント

　ところが、各事業が単独で上場した場合の時価総額の合計よりも、X 社の時価総額が低くなってしまう場合があります。これを**「コングロマリット・ディスカウント」**といいます。

　前項で説明した多角化のデメリットがメリット（シナジー）を上回ってしまうケースです。

　このような企業は買収の対象になりやすいのです。なぜならば、その企業を買収して（すなわち株式を購入して）、事業をバラバラにして上場（あるいは売却）すれば合計の価値は上がるので、**「安く買って高く売る」ことができる**からです。

　複数事業を営む場合は注意が必要です。シナジーを生み出そうとして、かえってディスカウントに陥ってしまうこともあるのです。

シナジー効果を
時価総額で測る

時価総額（上場した場合の企業価値）

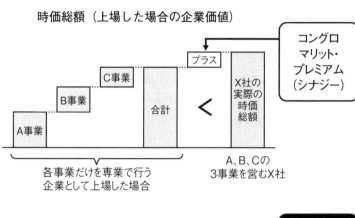

コングロマリット・プレミアム（シナジー）

A事業　B事業　C事業　合計　＜　X社の実際の時価総額

各事業だけを専業で行う企業として上場した場合

A、B、Cの3事業を営むX社

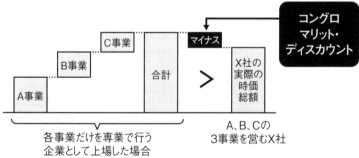

コングロマリット・ディスカウント

A事業　B事業　C事業　合計　＞　X社の実際の時価総額

マイナス

各事業だけを専業で行う企業として上場した場合

A、B、Cの3事業を営むX社

6 コーポレート戦略

コングロマリット・ディスカウントに陥った企業は買収のターゲットにされやすい

11 / 「全社ビジョン」で 異なる事業をマネージ

なぜビジョンが必要なのか

右図のような要素を含んだ企業としての「あり方」を、ビジョンと呼びます。単一事業でもビジョンは必要ですが、**複数事業を営む場合、ビジョンはさらに重要**になります。

なぜならば、個々の事業が異なるため、ビジョンがないと「なぜ我々は異なる事業なのに同じ傘の下にいるのか」がわからなくなり、個々のアクションがバラバラになるからです。結果、企業全体のパフォーマンスも下がってしまいます。

ビジョンがあるから「すること」が明確になる

再びヤマハ発動機の例で見てみましょう。企業目的は「感動創造企業」、ブランドスローガンは「Revs your Heart」です。

ヤマハ発動機はオートバイからスタートし、レジャーボート、マリンジェット、スノーモービルなどの複数事業を営んでいます。いずれも「エンジンを使った移動体」ですが、いわゆるモータースポーツにフォーカスしており、たとえばフォークリフトのような商業目的の事業はあまり営んでいません。なぜならば、**自らを「感動創造企業」と定義し、「移動する感動」を提供するのが自社の目的・存在意義**だと考えているからです。

エンジンを使った移動体というだけでは多くの可能性がありすぎて、何をやるのか（それ以上に重要なのは何をやらないのか）がわからなくなってしまいます。**「集中は力なり」**（2-07 参照）です。集中すれば異なる事業間でもシナジーを生み出しやすくなります。この点については、次項の「全社事業ドメイン」を見ていきましょう。

複数事業をもつ企業ほど全社ビジョンが重要

ビジョンの構成要素

一般的な呼び名	一般的な構造	意味するもの
理念／ミッション		存在意義／提供価値 ●何のために自社が存在しているのか ●誰にどんな価値を提供するのか
目標		何を達成したいのか ●定性、定量
戦略		どうやって達成するのか ●事業領域／ビジネスモデル／戦い方
経営インフラ		どんな形／仕組みで自社は動くのか
価値観／文化／行動規範		何が自社にとって"正しい"考え方／やり方なのか

ヤマハ発動機のビジョン（抜粋）

企業目的：感動創造企業

世界の人々に新たな感動と豊かな生活を提供する

ブランドスローガン：Revs your Heart （レヴズ・ユア・ハート）

Rev – エンジンの回転を上げるように。
心躍る瞬間、そして最高の経験を、YAMAHAと出会うすべての人に届けたい。

出所：ヤマハ発動機ホームページより筆者抜粋

> ヤマハ発動機は「移動する感動」を提供するのが目的・存在意義だと定義しているため、モータースポーツ事業にフォーカスしている

6

コーポレート戦略

12 / 「全社事業ドメイン」を定める

節操なき多角化は企業価値を下げる

節操なき多角化は、コングロマリット・ディスカウント（**6-10** 参照）に陥ります。

異なる事業であっても、この範囲で事業を行うという「全社事業ドメイン」を決め、各事業をマネージすることも本社の仕事です。

では、全社事業ドメインを決めるための軸は何でしょうか？

全社の事業範囲はシナジーとビジョンで決める

引き続きヤマハ発動機のB2C（一般消費者向け）事業群を見てみましょう。1つの軸は「エンジンを使った移動体」というシナジーです（**6-08**）。エンジンの技術ノウハウや生産設備を事業間で共有・移転することによりシナジーを生み出しているのでしょう。もう1つの軸は「移動する楽しみを提供する企業でありたい」というビジョン（**6-11**）です。

異なる事業が同じビジョンを共有すると、シナジーを生み出しやすくなります。マリンジェットでもスノーモービルでも、顧客はモータースポーツ愛好者です。**マーケティングのノウハウを事業間で共有・移転する、というシナジーが効く**はずです。

また、新事業展開、新技術育成の方向も明確になります。「移動する楽しみ」をモータースポーツのような「移動の強者」だけでなく、障害者のような「移動の弱者」にも提供するのがビジョンなので、「電動車椅子事業を始める」といった意思決定がしやすくなります。それに伴い、エンジンからモーターへと技術範囲の拡大方向も明確になります。

ヤマハ発動機の「全社事業ドメイン」

ヤマハ発動機の主なB2C事業

バイク・スクーター

ボート

マリンジェット

スノーモービル

四輪バギー（ATV）

カート

電動アシスト自転車

電動車椅子

6 コーポレート戦略

全社事業ドメインを考える軸

ヤマハ発動機「移動する楽しみを提供する企業でありたい」

ビジョン・フィット		事業間のシナジー	
有	?	○	
無	×	?	
	無	有	

ヤマハ発動機「エンジンを使った移動体」

出所：ヤマハ発動機ホームページを参考に筆者作成

全社事業ドメインを考える際は、「シナジーがあるか」「ビジョンに合うか」を軸にする

13 / 「全社組織」を設計する

組織を切り分けるためのパターン

　1企業が複数事業を営む場合、組織をどの軸で切り分けるかを考えて実行・運営することも本社の重要な仕事です。切り分けにはいくつかの軸があります。

①事業で分ける（事業別組織）

　各事業があたかも独立した会社のように、必要な機能（研究開発、生産、営業など）をフルセットで事業部内にもっています。事業部内の各機能はすべて事業部長の指揮命令下にあります。

②機能で分ける（機能別組織）

　異なる事業で同じ機能、たとえば研究所（研究開発）、工場（生産）、営業担当者（営業）などを共有します。各機能の責任者（たとえば研究所長、工場長、営業本部長）が機能を指揮します。事業の長は機能を借りる形で事業を運営します。

③事業・機能の両方で分ける（マトリックス組織）

　組織を事業・機能の両方で切って組織単位をつくります。各単位は事業・機能の両方のトップの指揮命令下にあります。すなわち各単位にとっては2人のボスがいることになります。

　その他、特にグローバル企業の場合は、事業・機能をさらに**国別・地域別に切り分ける**オプションもあり得ます。この場合は事業・機能・地域という3次元のパズルを解かなければなりません。

複数事業を営む場合の組織オプション

①事業別組織

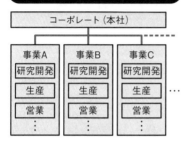

コーポレート（本社）

事業A	事業B	事業C	
研究開発	研究開発	研究開発	…
生産	生産	生産	
営業	営業	営業	
⋮	⋮	⋮	

②機能別組織

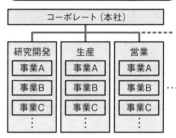

コーポレート（本社）

研究開発	生産	営業	
事業A	事業A	事業A	…
事業B	事業B	事業B	
事業C	事業C	事業C	
⋮	⋮	⋮	

③マトリックス組織

コーポレート（本社）

事業A　事業B　事業C

研究開発

生産

営業

注意！
マトリックス組織の指揮命令系統

たとえば、事業Cの生産担当者から見れば、C事業部長も生産部長も自分の上司。両方の指示を受けて働く

ワンポイント　グローバル企業はさらに地域軸を加えて全社組織を考える必要がある

機能軸

研究開発
生産
営業
⋮

地域軸

北米
欧州
アジア
⋮

事業軸　事業A　事業B　事業C　…

6

コーポレート戦略

14 / どの「全社組織」を選ぶべきか

環境変化が激しい場合は即断即決できる組織が理想

　どのような場合に、どの全社組織のオプションを選べばよいのでしょうか？　これは一長一短で、絶対的な正解はありませんが、あえて一般的傾向をいえば次の通りです。

・「事業別組織 or 地域別組織」を選ぶケース

　環境変化の速度が速い場合、事業・地域による事情がかなり異なる場合に有効です。すべての機能が1つの事業部、あるいは1つの地域（たとえば日本支社）に揃っているため、事業環境が変化しても、1人の責任者（事業部長あるいは支社長）が即断即決ですべての機能を動かして素早くアクションをとることができます。

・「機能別組織」を選ぶケース

　事業の運営方法の変化が遅い、あるいは事業や地域が異なっても運営方法に大差がない場合に有効です。たとえば、生産方法が事業・地域によって大差がなく、かつ生産技術革新の速度が比較的遅いために事業・地域共通の工場をつくっても生産方法を頻繁に変える必要がないケースです。各事業・各地域が独自に工場をもたずに共有することで全社コストは下がり、かつ生産ノウハウが集約され強化されます。

・「マトリックス組織」を選ぶケース

　上記のオプションの「いいとこ取り」を狙っていますが、各組織単位から見れば上司が2人いるため、運営が非常に複雑になり、かえってスピードやパフォーマンスが下がる危険性もあります。

全社組織オプションの
メリット・デメリット

	事業別	機能別	マトリックス (事業×機能)	地域別
重複の コストを 下げる	✖ それぞれの事業が1つの組 が個別に機能を もつ →重複	◯ 機能が1つの組 織単位に集約 →重複なし	◯〜✖ 重複は避けられ るが、運営は複 雑になる	✖ それぞれの地域 が個別に機能を もつ →重複
シナジー	✖ 事業をまたがる ノウハウの共有 ・移転がやりに くい	◯ 同じ機能内での ノウハウの共有 ・移転が容易	◯〜✖ ノウハウの共有 ・移転は可能だ が、運営は複雑	✖ 地域をまたがる ノウハウの共有 ・移転がやりに くい
変化対応 の スピード	◯ 事業部長の即断 即決ですべての 機能を動かせる →対応が速い	✖ 機能が複数の事 業・地域を担当 →対応が遅れる	✖ 運営が複雑 →対応が遅れる	◯ 地域会社の即断 即決ですべての 機能を動かせる →対応が速い
個別事情 への対応	◯ それぞれの事業 個別の事情に最 適な形で機能を 運営できる	✖ 機能が複数の事 業・地域を担当 →個別対応がし にくい	◯〜✖ うまく運営すれ ば個別対応が可 能だが、運営が 複雑	◯ それぞれの地域 個別の事情に最 適な形で機能を 運営できる
運営(オペ レーション) の容易性	◯ それぞれの事業 最適の運営を個 別に行うことが できる	△ 機能最適の運営 は可能だが、事 業・地域との調 整が必要	✖ 運営が複雑。ス ピード、意思決 定の質が下がる 可能性がある	◯ それぞれの地域 最適の運営を個 別に行うことが できる

6

コーポレート戦略

マトリックス組織は、うまく運営で
きれば事業別組織と機能別組織の
「いいとこ取り」が可能。
一方、運営が複雑で、下手をすると
かえってパフォーマンスが下がる

15 / 「タスクフォース」を立ち上げる

既存の組織から離れた期間限定のチーム

　組織の話を続けましょう。前項の例はどれも固定的な組織です。ところが、変化が激しい場合は固定的な組織では対応が遅れる場合もあります。そこで現れたのが**「タスクフォース」**です。

　達成したい成果（タスク）を決め、必要な人材要件を定義します。たとえば、「小売店とタフなネゴができる人材が1人、ウェブ広告ができる人材が1人必要」といった具合です。要件を満たす人材を既存の部署から引き抜いてチームをつくります。そのうえでチームに必要な権限や資源を与えます。メンバーは出身部署のことは忘れてタスクに集中し、タスクが完了したらチームは解散します。

　「少数のメンバーが同じ目的のもとに集まり同じ部屋で過ごすこと」「必要な資源・人材・権限はすべてチームがもっていること」「部門間調整がないこと」「メンバーはタスクに集中できること」などにより**仕事の質とスピードが向上**するという考え方です。

タスクフォースの障害

　タスクフォースはうまく機能すると成果を上げますが、実際の運用はやさしくありません。

　既存部署は本業に支障が出るので優秀な人材を出すのを嫌がります。また、タスクフォースは一時的で、タスク終了後は既存の部署に戻ると思うと、メンバーはついつい既存部署の意向を優先してしまいます。さらに、企業がタスクフォースのリーダー役が務まる優秀な人材を豊富に抱えていないかもしれません。これらの障害をいかに乗り越えるかを考えて実行する必要があります。

「タスクフォース」運用のプロセス

既存の固定的な組織から人材を
抜擢してタスクフォースをつくる

タスク（達成すべき成果）と期限を決める

↓

タスク達成に必要な人材を既存の固定組織から引き抜いて機能横断でチームをつくる
- 製品設計者
- マーケッター
- 営業担当者
- 経理担当者　など

↓

チームがタスクを遂行する

↓

- タスクが完了したらチームは解散
- メンバーは元の部署に戻る

既存の固定的・永続的な組織

設計部　マーケティング部　営業部　経理部　…

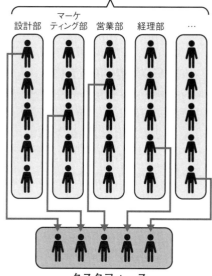

タスクフォース
（期間限定のチーム）

6

コーポレート戦略

タスクフォースは、「プロジェクトチーム」「CFT（クロスファンクショナルチーム）」ともいう

16 / 変化に強い「アジャイル組織」

「固定的な組織」をもたない

タスクフォースの考え方をさらに推進したのが**「アジャイル組織」**です（アジャイル：Agile とは、「俊敏な」という意味）。

タスクフォースは固定的な組織上の一時的、例外的な対応です。アジャイル組織では、むしろ SQUAD（分隊）と呼ばれる少人数からなる小さなタスクフォースが主体で、**SQUAD の集まりが全社組織であり、固定的な組織はありません**。刻々と変化する環境に対応して、SQUAD の編成、解散を繰り返します。社員にとっては編成、解散を繰り返す SQUAD で働いている状態が「普通」です。

SQUAD をまとめた TRIBE（部族）や、専門家の集まりである CHAPTER（分科会）などはありますが、あくまで「会」であって固定的な組織ではありません。

変化の激しい時代は「アジャイル」に対応する

伝統的な組織に慣れている人は、「そんな組織があるのか」と思うかもしれませんが、建築設計事務所や弁護士事務所のような「プロフェッショナルファーム」と呼ばれる組織は、顧客から依頼が来たらチームを編成し、それが終わったら解散するアジャイル組織です。

変化が激しい現代では、伝統的な企業もアジャイル組織を採用する例が増えています。オランダ発祥の世界的金融グループの ING はアジャイル組織に転換してパフォーマンスを向上させています。ING では、保険であれば保険商品設計部、代理店営業部、加入審査部、顧客管理部、申請審査部などの縦割りの部署ではなく、それぞれのスキルをもった人材からなる SQUAD を組成して業務を行っています。

「アジャイル組織」は
タスクフォースの進化系

固定的な組織はない。必要に応じてSQUAD（分隊）の組成・解散を繰り返す

SQUAD（分隊）
数人からなるタスクフォース

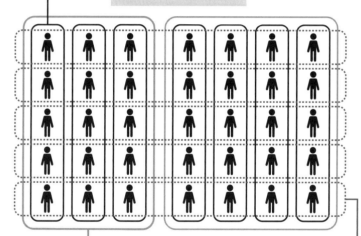

6

コーポレート戦略

TRIBE（部族）
類似のSQUADのグループ

CHAPTER（分科会）
専門家同士の「会」
固定的な組織ではない

所属していたSQUADが解散し、次のSQUADに所属するまでの間、一時的に社員をプールする場所が必要。その間に社員はスキル向上のためのトレーニングなどを行う

MBA management strategy

PART

7

戦略の実行

どんなに魅力的な戦略を立案しても、それを実行できなければ絵に描いた餅となります。プロセス、組織、コミュニケーションなど、オペレーションに必要な要素は多岐にわたります。戦略を確実に実行するための方策を考えてみましょう。

☐ 戦略を実行するために必要なこと

☐ 戦略の実行には、ハードとソフトの7要素を有機的につなげることが大切

☐「あるべき姿」への移行プランをどう実現するか

☐ 利益を生み出すビジネスモデルの構築の仕方

☐ 戦略実行の観点から見た「収入構造」と「コスト構造」

01 ／ 競合よりも 効率よく「実行」する

戦略の「立案」よりも大変な「実行」

どんなによい戦略を立案しても実行できなければ意味がありません。頭でっかちな戦略家は、実行を過小評価する悪いクセがあるので気をつけましょう。戦略は数人が2〜3カ月で立案できるかもしれませんが、**実行は場合によって数千人を動員して数年かけて行う**必要があります。実行のほうが数倍（ときには数百倍）大変なのです。

「実行」を理解するための3つの視点

PART1で解説したように、戦略とは「ゴールを決め、ゴールにたどり着くルートを決め、そのルートを進むのに必要なリソース（資源／能力）を動員すること」です。

一方、同じことをやっても競合より効率を上げる（コストを下げる、スピードを上げる、品質を上げるなど）のがオペレーション（実行力）です。本章では次の観点から「実行」を見ていきましょう。

①**実行のための要素**：戦略の立案に加えて戦略の実行のために何をしなければならないのか？（**7-02**、**7-04** 参照）

②**移行（Migration）**：「現状の姿」から戦略で描いた「あるべき姿」へ移行するために何をすべきか？（**7-03**）

③**ビジネスモデル**：よい戦略を立案し、首尾よく実行できたとしても、利益を生まなければ意味がありません。戦略・実行に加えて収益構造という視点を加味した総合的な体系は何か？（**7-05** 〜 **7-07**）

「戦略の実行」の
全体像

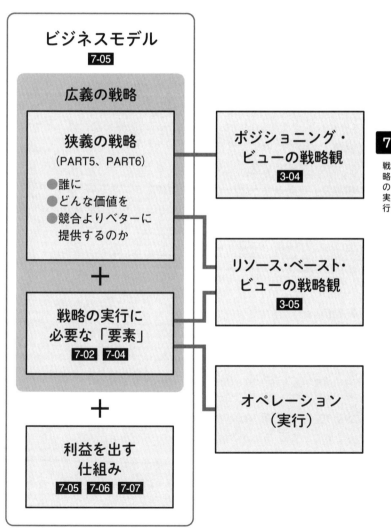

02 ／ 「オペレーション」に 必要な7つの要素

　すばらしい戦略が立案できても、その戦略を実行するためにはさまざまなことをしなければなりません。右図をもとに解説しましょう。

①プロセス：実行のために誰が（WHO）、いつ（WHEN）、何を（WHAT）するのかが決まっていなければ戦略は絵に描いた餅です。

②組織：そのプロセスを実行するために、いったん既存の組織形態は忘れてベストな組織（ハコ）を考えます。

③組織のミッション・責任・権限：組織図ができあがっただけでは組織は機能しません。部署ごとにミッション、果たすべき責任、責任を果たすために必要な権限・資源を決めて与えます。

④モニター・評価・賞罰：実行が始まったら、実行をモニターし、必要ならば軌道修正します。うまくいっているかどうかを評価し、賞罰を与えることによって人・組織を動かします。

⑤組織能力：実行に必要な能力がなければそもそも実行できません。人材を調達したり、能力を育成したり、新しい活動に必要なツール（たとえば営業担当者にタブレットをもたせる）も提供します。

⑥コミュニケーション：上記の①〜⑤を組織の構成員が理解し納得するためのコミュニケーションも重要です。

⑦企業文化・価値観：戦略の実行にふさわしい企業文化・価値観は何かを考え、育成する手立てを考えて実行します。

　何よりも上記のすべてを整合させることが大切です。Aという戦略なのに、Aを実行するための組織、権限、能力がない、あるいはAをしても評価されないようでは、実行は骨抜きになるでしょう。

戦略実行のための「要素」

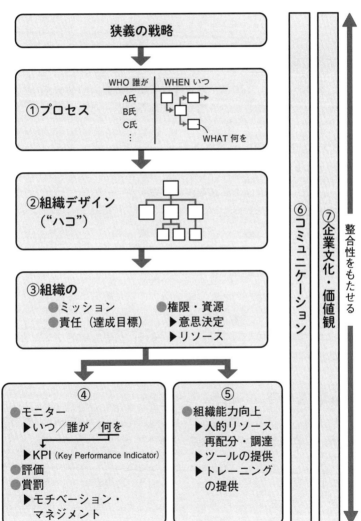

狭義の戦略

①プロセス

WHO 誰が	WHEN いつ
A氏 B氏 C氏 ⋮	WHAT 何を

②組織デザイン（"ハコ"）

③組織の
● ミッション ● 権限・資源
● 責任（達成目標） ▶ 意思決定
▶ リソース

④
● モニター
▶ いつ／誰が／何を
▶ KPI（Key Performance Indicator）
● 評価
● 賞罰
▶ モチベーション・マネジメント

⑤
● 組織能力向上
▶ 人的リソース再配分・調達
▶ ツールの提供
▶ トレーニングの提供

⑥ コミュニケーション

⑦ 企業文化・価値観

整合性をもたせる

7
戦略の実行

03 / 「あるべき姿」への 移行プランを実行する

　前項では戦略が実行されている状態、すなわち「あるべき姿」における実行の要素を考えました。ところが、**現実的には、「現状の姿」から「あるべき姿」へ組織・人を移行させる必要**があります。移行には社内外の抵抗があることも多く、大変な労力が必要です。

移行プランは詳細につくり込む

　移行のために誰が（WHO）、いつ（WHEN）、何を（WHAT）するのかというプランをつくる必要があります。

　たとえば、新しい業務プロセスをつくり、既存の業務プロセスから混乱なく移行するために何をするのかを考えます。組織も改編する必要があるかもしれません。組織改編に伴う人事異動は、コミュニケーションをおろそかすると組織に動揺が走ります。

　あるいは新しい能力が必要になる場合、その能力のある人材をどこから調達するのか、その能力を身につけるためのトレーニングをいつ、誰が、誰に対して行うのかなど、**移行に必要な詳細プランとその実行のための労力を過小評価してはいけません。**

「司令塔」を設置して移行を管理する

　このように前項で列挙した7つの要素に関して **BEFORE（移行前の現状）** と **AFTER（移行後の姿）** を検討します。

　要素は多岐にわたるので、バラバラに進めるのではなく、どの順番で行うのかなど、全体の管理を行う司令塔が必要です。司令塔は単にモニターや調整を行うのではなく、文字通り「司令」する権限をもたせることが重要です。

現状から「あるべき姿」に進むための移行プラン

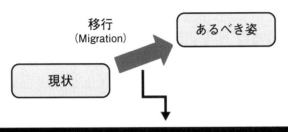

移行
(Migration)

あるべき姿

現状

移行プラン (Migration Plan)
あるべき姿への移行をマネージする

移行プランを
設計する
● いつ　WHEN
● 誰が　WHO
● 何を　WHAT
するのか

WHO 誰が	WHEN いつ
A部門	
B部門	
C部門	
⋮	

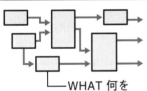

└─ WHAT 何を

司令塔が
移行プランを
管理する

移行
マネジメント
オフィス

「どの順番で行うか」などの全体の管理を行う司令塔には、「権限」を与える必要がある

04 / 「7Sモデル」の 各要素を整合させる

「共通の価値観」がカギになる

　戦略の実行のための概念をモデル化したのが「7Sモデル」です。戦略の実行には、**戦略（Strategy）に加えてSで始まる6つの要素が有機的につながり整合していることが重要である**、という考え方です。マッキンゼーのトム・ピーターズとロバート・ウォータマンが提唱しました。

①**戦略**：まさに本書のテーマです。

②**構造**：組織の形態や考え方（機能別か事業別かなど。**6-13 〜 6-16**参照）、各組織単位の責任や権限、指揮命令系統などです。

③**システム**：ビジネスを支えるプロセス、制度、手続きです。会議や報告の仕組み、情報の流れ、会計制度、人事制度など。

④**スタッフ**：人材です。必要な人材が、必要な人数だけ確保され、正しい部署に配属され、正しい仕事が割り当てられているか。

⑤**スタイル**：企業の意思決定や行動の様式です。たとえば、意思決定はトップダウンかボトムアップか、慎重に行動するのかリスクをとって失敗覚悟でトライアンドエラーをする社風か、など。

⑥**スキル**：個人および組織の能力。たとえば、技術力、営業力、生産力など。自社の能力が他社にないコアコンピタンス（**4-12**、**4-13**）になっているかどうかがカギです。

⑦**共通の価値観**：組織の構成員が共有すべき価値観・理念です。これが浸透して共有されていれば、他の6つのSがおのずと整合してきます。また、不測の事態が起きても、各部署が同じ価値観で意思決定し、行動できます。7Sの中心となる重要な要素です。

戦略実行のための「7Sモデル」

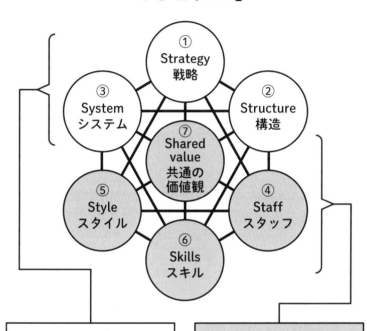

① Strategy 戦略
② Structure 構造
③ System システム
④ Staff スタッフ
⑤ Style スタイル
⑥ Skills スキル
⑦ Shared value 共通の価値観

7 戦略の実行

ハードなS
● 目に見えやすい
● 短時間で構築／変更が可能

ソフトなS
● 目に見えにくい
● 構築／変更に時間がかかる

他のフレームワークと同様、7Sもオールマイティーではない。たとえば、重要な要素である「リソース（資源）」が抜け落ちている

※トム・ピーターズ／ロバート・ウォータマン『エクセレント・カンパニー』（講談社）を参考に著者作成

05 / 「ビジネスモデル」を構築する

言葉の意味に要注意

　現時点では「ビジネスモデル」の定義はバラバラです。あえて共通点を抽出すれば**「戦略、実行に『収益を出す仕組み』を加えた統合的な事業の仕組み」**です。

　ちなみに、実務で「ビジネスモデル」という言葉が出てきたら要注意です。その言葉が何を意味しているのかを相手に確認しましょう。

　ひと昔前は、ビジネスモデルが激変することは少なく、同じビジネスモデルのもとで自社と競合が切磋琢磨し競争していました。ところが、ネット化、デジタル化により、まったく異なるビジネスモデルを導入して競争を仕掛ける企業が増えたのです。たとえば、2000年代初めに起きた、百科事典に対するウィキペディアの台頭がその走りでした。

ビジネスモデル・キャンバス

　戦略・実行・収益構造を統合するのがビジネスモデルですが、その代表的なフレームワークが**ビジネスモデル・キャンバス**です。

　ビジネスモデルを構築する要素を9つに簡素化し、中心に提供する価値を据え、その右側では価値を提供するための戦略およびマーケティングの主要な要素を考えます。左側ではその戦略を実行するための活動、リソース、パートナーを考えます。下部で収益を出すためのコスト構造および収入の流れを検討します。

　他のフレームワークと同様、「フレームワークの穴埋め」に陥らず、**各要素のつながりを考えたり、抜け落ちている重要な要素がないかを考えたりすることが大切**です。

ビジネスモデルと代表的なフレームワーク

ビジネスモデルとは

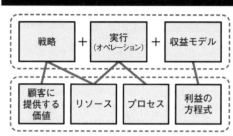

戦略、オペレーション、収益モデルが統合されたもの*

左の4つの要素が有機的につながって利益を生み出す仕組み**

*は根来龍之氏、**はクレイトン・クリステンセン他の定義を参考に筆者作成

ビジネスモデル・キャンバス（フレームワークの例）

◁ 実行(オペレーション) ▷　　　　◁ 戦略・マーケティング ▷

パートナー Key Partner	主な活動 Key Activity	提供する 価値 Value Proposition	顧客との 関係 Customer Relation	顧客 セグメント Customer Segment
	主なリソース Key Resource		チャネル Channel	

コスト構造 Cost Structure	収入の流れ Revenue Stream	◁ 収益構造

出典：アレックス・オスターワルダー／イヴ・ピニュール『ビジネスモデル・ジェネレーション』（翔泳社）

ビジネスモデル・キャンバスは、戦略・実行・収益構造を統合する代表的なフレームワーク

7
戦略の実行

06 「収入構造」をつくる

　ビジネスの基本は、「利益＝収入－コスト」なので、最後に補足として、いかに収入構造とコスト構造をつくるかを見ていきましょう。

　収入構造（レベニュー・モデル）とは、「顧客に支払ってもらうための仕組み」です。次の5つの視点を有機的につなげて考えるのが代表的な方法です。右図では「専業主婦の母親が父親を説得して子どものためにケーブルテレビのキッズチャンネルに加入する場合」を例として見ていきましょう。

①**誰が支払うのか**：そもそも誰に支払ってもらうのかを考えます。必ずしも利用者が支払うとは限りません（**5-04** 参照）。

②**どんな価値に対して支払ってもらうのか**：顧客は価値を感じなければ支払ってくれないため、「提供価値は何か」を明確に決める必要があります。右図の例では異なる顧客（母親、父親、子ども）がまったく異なる価値を感じているため要注意です。

③**誰に対して支払うのか**：複数プレーヤーの協業により価値を提供する場合、顧客にとって支払いやすいプレーヤーに支払ってもらい、そのあとにプレーヤー間で山分けする仕組みを考えます。

④**どうやって支払ってもらうのか（支払スキーム）**：たとえば、毎月定額の固定料金にするのか、観るたびに支払ってもらうのか、前払いか後払いかなどを考えていきます。

⑤**いくら支払ってもらうのか（プライシング）**：顧客がいくらなら支払ってもよいと思っているか（WTP = Willingness to pay）を把握し決定します。WTP より高い価格では顧客は購入してくれません。

　ちなみに、前項のビジネスモデル・キャンバスの右下の「収入の流れ」（Revenue Stream）もレベニュー・モデルの1要素です。

「顧客に支払ってもらうための仕組み」 をつくる

（例）専業主婦の母親が父親を説得して子どものために ケーブルテレビのキッズチャンネルに加入する場合

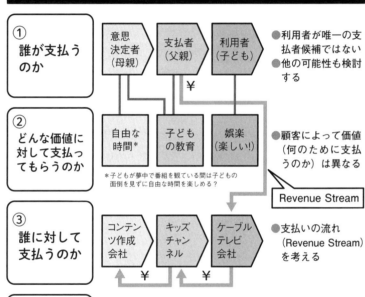

① 誰が支払うのか

意思決定者（母親） → 支払者（父親） → 利用者（子ども）

● 利用者が唯一の支払者候補ではない
● 他の可能性も検討する

② どんな価値に対して支払ってもらうのか

自由な時間* ／ 子どもの教育 ／ 娯楽（楽しい！）

*子どもが夢中で番組を観ている間は子どもの面倒を見ずに自由な時間を楽しめる？

● 顧客によって価値（何のために支払うのか）は異なる

Revenue Stream

③ 誰に対して支払うのか

コンテンツ作成会社 → キッズチャンネル → ケーブルテレビ会社

● 支払いの流れ（Revenue Stream）を考える

④ どうやって支払ってもらうのか（支払スキーム）

定額制？（月額一定） ／ 従量制？（ペイ・パー・ビュー**） …

**1回1回観るたびに支払う

● スキーム（支払い方法）も多様。幅広く考える

⑤ いくら支払ってもらうのか（プライシング）

顧客のWTPを検討する
▶顧客が感じる価値
▶代替案との相対的価格

● 収益を最大化したい場合は顧客のWTPを超えないギリギリの価格設定を試みる

7

戦略の実行

「コスト構造」を見直す

顧客が価値を感じていないことはやめる

　前項で収入構造を説明したので、ここではコスト構造を見てみましょう。なお、本書では経営戦略を扱っているため、いわゆるオペレーション・マネジメントの観点からのコスト改善は扱いません。

　まずは戦略の視点からコスト構造を見直します。

①価値とコスト：たとえば、理髪店の QB ハウスは顧客が価値を感じていなかったシャンプーをやめました。それによって時間が短縮されたので QB ハウスの価値は逆に向上しました。

②イノベーション：そもそものコスト構造をくつがえすイノベーションを常にウォッチしましょう。たとえば、映画コンテンツのネット配信により DVD が不要になりました。

③コスト構造：典型的には固定費・変動費の構造を変えるべきかを考えます。固定費の変動費化、あるいはその逆をすべきか？　コストを内部化するか、外部に委託するか？

④コスト・ドライバー：事業のコストを決めるドライバーが何かを特定し、そのドライバーをいかにマネージするかを考えます。コストは規模で決まるのか？　密度で決まるのか？　などです。

　次に、オペレーションの視点でコストを考えます。特に**プロセスを見直すべきかどうか**です。たとえば、ベネトンは染色後の毛糸でセーターを編むプロセスから、生成りの毛糸でセーターを編んで、需要を見ながら最後に染色するプロセスに転換して売れ残り・つくりすぎを大幅に解消しました。

「戦略」「オペレーション」の視点で
コスト構造を見直し

戦略の視点

① 価値とコスト

顧客が感じている価値	コスト

●顧客は価値を感じているのか？

② イノベーション

●イノベーションによって
 ▷コストの程度
 ▷コスト構造
 が激変する可能性はあるのか？

(例) 携帯電話の通信コストは 30 年でおよそ 100 万分の 1 に*

③ コスト構造

●固定費・変動費

●固定費大？　変動費大？
　どちらが好ましいのか？

●固定費の変動費化、変動費の
　固定費化は可能か？
　▷コストを内部に取り込むか、
　　外部に委託するか？

④ コスト・ドライバー

●コストを決めるキー・ドライバーは何か？
 ▷規模？　範囲？
 ▷累積経験？
 ▷密度？
 ▷リードタイム？
　　　　　　　　など

7

戦略の実行

+

オペレーションの視点

プロセスの見直し

●前工程と後工程の入れ替え？

●分業＋流れ作業？　小規模チーム
　による一体作業？

●順次プロセスを同時並行プロセス
　に変換？

●複数プロセスの一本化？　など

改善

既存のオペレーションの枠組みを変えずに小さな改善を繰り返す

＊1G（1980年初頭）→5G（2020年）。1バイト当たり通信コスト

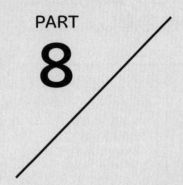

PART

8

「知」と
「イノベーション」

質の高い戦略を立案・実行するためには、情報を戦略に転換する「知」が必要です。また、競争優位性の高い戦略を構築するには、今までとは異なる新しい見方・やり方である「イノベーション」が求められます。本章では、「知」「イノベーション」と戦略の関係について説明していきます。

□ 競合に勝てる経営戦略には「知」と「イノベーション」が必要であること

□ 「知」には形式知と暗黙知がある

□ 個人の暗黙知を活用して企業が結果を出す方法

□ 知のマネジメントには「探索」と「深化」があること

□ 保守本流がイノベーションを起こせない理由（イノベーションのジレンマ）

□ 個人・組織、そして経営戦略は知の学習により進化する

01 / 「知識ベースの経営」と 優位性の源泉「革新」

　本章では、今までと違う「知」と「イノベーション」（革新）という視点で経営戦略を見てみましょう。

情報を戦略に転換する「知」

　ポジショニング・ビューでは、いかにして自社のポジションを決めるか、リソース・ベースト・ビューの戦略では、いかにしてリソース（資源／能力）を構築・育成するかが本質です（PART3 参照）。どちらの戦略観で立案するにせよ、情報が必要になります。

　ところが、情報はそれだけでは役に立ちません。情報を解釈し、戦略に転換しなければいけません。その転換を行うのが「知」であり、「知」の創造こそが重要であるという戦略観が**ナレッジ・ベースト・ビュー**すなわち**「知識ベースの戦略観」**です。

　しかも「知」は製品や技術と異なり**「見えない資産」**であるため、模倣が困難な強力な「強み」となり得るのです。

「イノベーション」で同質化競争を脱する

　イノベーションは、ヨーゼフ・シュンペーターによって提唱された概念で「今までにない組み合わせにより新しいものを生み出すこと」を意味します。

　同質化競争では利益を上げることは容易ではありません。やはり既存のやり方を変える革新、すなわち「イノベーション」が価値創造の源泉であり、**いかにしてイノベーションを起こすかが企業の優位性の源泉である**という考え方です。

知識ベースの経営と
イノベーション

- ●「知」とは何か、「イノベーション」とは何か 8-01 8-04
- ●なぜ「知」と「イノベーション」が重要なのか 8-01

どうやって「知」を創造し活用するのか

- ●形式知・暗黙知 8-02
- ●SECI モデル 8-03

- ●知の探索・知の深化 8-05

- ●学習する組織、ダイナミック・ケイパビリティ 8-08

どうやって「イノベーション」を起こすのか

- ●オープン・イノベーション、ダイバーシティ 8-04

- ●イノベーションのジレンマ 8-06

- ●両利きの経営 8-07

8

「知」と「イノベーション」

「知」は模倣が困難な強力な
強み、「イノベーション」は価
値創造の源泉になる

02 / 経営戦略に「暗黙知」を活用する

「形式知」による戦略は模倣可能

　私たちが日頃、目にしている知識の多くは**「形式知」**です。形式知は言語化・記号化できる知識であり、論理的でデジタルで、頭で学習でき、かつ組織での共有が可能な知識です。

　それに対して**「暗黙知」**は言語化・記号化が難しく、個人が経験を通して身体で覚えるアナログな知識です。たとえば、熟練工の技、経験者の直感などがこれにあたります（**5-13**で解説した「累積経験」も、経験を繰り返すことによってのみ習得できるという意味において暗黙知の一種です）。

　従来の経営は、論理的な形式知のみが知識であると考えて戦略を立案してきました。ところが、**形式知は万人に理解できる知識であるため模倣可能で、競合優位性の源泉にはなり得ない**のです。

　しかも、水面上で見えている形式知よりも水面下の暗黙知のほうがはるかに豊かなのです。そうであれば「経営は積極的に暗黙知を活用するべきである」というのが**知識創造理論**（野中郁次郎氏が提唱）の前提です。

「暗黙知」を活用するための2つの方法

　暗黙知が個人のなかに眠っているままでは意味がありません。企業が組織として暗黙知を活用して結果を出すためには、**①暗黙知の形式知化**（いかにして暗黙知を他人が理解できるように形式知に転換するのか）、**②個人から組織へ**（いかにして個人の知を組織として共有するのか）の2軸での拡張が必要です。

　そのための理論とフレームワークを次項で解説しましょう。

「暗黙知」を
積極的に活用する

形式知と暗黙知

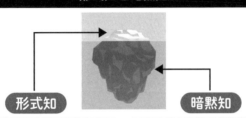

形式知	暗黙知
客観的な知（組織知）	主観的な知（個人知）
理性知（精神）	経験知（身体）
順序的な知（過去の知）	同時的な知（今ここにある知）
デジタル知（理論）	アナログ知（実務）

※野中郁次郎／竹内弘高『知識創造企業』（東洋経済新報社）
を参考に筆者作成

8

「知」と「イノベーション」

知の創造の2次元

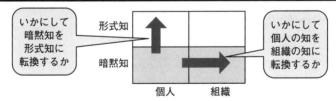

いかにして
暗黙知を
形式知に
転換するか

形式知

暗黙知

いかにして
個人の知を
組織の知に
転換するか

個人　　組織

「暗黙知」が個人のなかに眠っているままでは意味がない。企業が組織として「暗黙知」を活用して結果を出すことが重要

03 ／ 「SECIモデル」で 知を創造する

　知の創造プロセスを4段階にモデル化したのが野中郁次郎氏です。4段階のそれぞれの頭文字をとって **SECI モデル（セキ・モデル）** と呼ばれています。

①**共同化（Socialization）**：暗黙知は文書化できないため、組織の構成員に共同体験や数多くの対話をさせ、**共感を醸成**します。体験・対話を通じて暗黙知が多数の構成員に共有されます。「背中を見て学ぶ」「腹を割って話す」タイプの共同化プロセスです。

②**表出化（Externalization）**：共同化を通じて多数の構成員に暗黙知が共有されると、ようやく**言語化が可能**になり、暗黙知が形式知に転換できます（たとえば多数の構成員の間で確立した行動様式を観察してマニュアル化するなど）。

③**連結化（Combination）**：複数の知が形式知になったら、それらを**組み合わせて**新たな形式知を生み出します（組み合わせによる新たな知の創出がまさにイノベーションです）。

④**内面化（Internalization）**：形式知は多くの場合、頭で理解するだけでは本当に価値を生む力にはなり得ません。何回も体験して個人が**暗黙知として吸収**して初めて機能します。いわゆる「腹落ちする」というプロセスです。

　この4つのプロセスをスパイラルに繰り返すことによって、個人と組織、暗黙知と形式知の間を行ったり来たりしながら、知を創造し強化するのが知識創造です。それが可能な組織、場、プロセスなどの仕組みをつくる必要があります。

SECIモデル

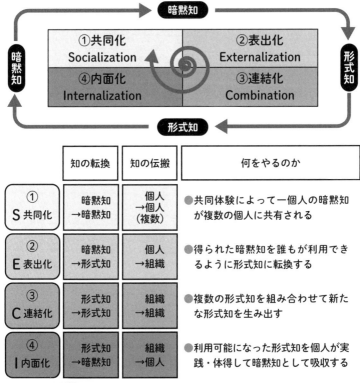

	知の転換	知の伝搬	何をやるのか
① S 共同化	暗黙知→暗黙知	個人→個人（複数）	●共同体験によって一個人の暗黙知が複数の個人に共有される
② E 表出化	暗黙知→形式知	個人→組織	●得られた暗黙知を誰もが利用できるように形式知に転換する
③ C 連結化	形式知→形式知	組織→組織	●複数の形式知を組み合わせて新たな形式知を生み出す
④ I 内面化	形式知→暗黙知	組織→個人	●利用可能になった形式知を個人が実践・体得して暗黙知として吸収する

※野中郁次郎／竹内弘高『知識創造企業』（東洋経済新報社）を参考に筆者作成

「知識創造」とは、個人と組織、暗黙知と形式知の間を行き来しながら、知を創造し強化すること

8

「知」と「イノベーション」

04 / イノベーションは保守本流からは起きにくい

　既存の延長線上ではない、今までとは異なる新しい見方・やり方をイノベーションといいます。経営戦略の本質は差別化、すなわち違うこと・新しいことをすることなので、**イノベーションは競合優位を構築する際の根源となる重要な要素**です。

　イノベーションは「無」からいきなり生まれるのではなく、異なる知の組み合わせから起きます。シュンペーターは、イノベーションを「新しい組み合わせ」、クレイトン・クリステンセンは、イノベーションを「一見無関係に見える物事を組み合わせる思考方法」と定義しています。

　既存組織の保守本流からはイノベーションは起きにくいといわれます。なぜならば、既存組織は何年も経過すると、内部で新たに「異なる」組み合わせをつくることができなくなるからです。

異なる「知」を獲得する2つの方法

　それでは異なる知はどうやって獲得するのでしょうか。1つめは**異なる知を「外部」に求めること**です。内部に引きこもらず積極的に外に出て「探索」（**8-05** 参照）を行います。近年注目を集めているオープン・イノベーションは、まさに外の知を取り込む動きです。

　2つめは**異なる知を内部に確保すること**、すなわちダイバーシティ（多様性）です。ダイバーシティは男女平等などの社会的公平性担保の手段を超えて、イノベーションを起こすための必須要素なのです。高度経済成長期の日本企業は異なる知を外（欧米）に求めて成長しましたが、欧米に追いついた時点で内部に多様性がないことが災いし、イノベーションが起きなくなってしまいました。

イノベーションを起こすには
どうすればよいか

イノベーションとは何か？

無から突然
生まれるのではなく……

異なる「知」の
組み合わせ

なぜ既存組織・保守本流からイノベーションは起きないのか？

既存組織内で「知」を
組み合わせても……

新たな組み合わせは
いずれ尽きてしまう

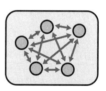

イノベーションを起こすには？

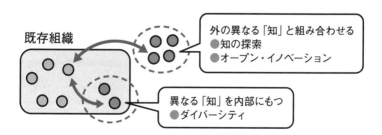

既存組織

外の異なる「知」と組み合わせる
● 知の探索
● オープン・イノベーション

異なる「知」を内部にもつ
● ダイバーシティ

8

「知」と「イノベーション」

05／知の「探索」と「深化」を分ける

　知のマネジメントでもう1つ重要なのは「知の探索」と「知の深化」を分けて考えることです（この2つを明確に峻別したのがジェームス・マーチ）。

①知の探索（Exploration）：イノベーションは異なる知の組み合わせによって起こります。そのためには「異なる知」を外から調達しなければなりません。すでにもっている知を違う方法で組み合わせるやり方も可能ですが、いずれ限界がきます。やはり、すでに知っていることの「外」に探索に出なければ知の創造・イノベーションはできないのです。

②知の深化（Exploitation）：一方、既存の知も徹底的に磨き上げなければ競争には勝てません。少しずつでも改善を繰り返して「コストを下げる」「品質を上げる」「スピードを上げる」などが必要です。また、探索の結果見つかった新たな知も、実際の事業に落とし込んで成果を出すためには深化が不可欠です。

2つの罠に注意！

　探索と深化には2つの罠があります。1つ目は探索より深化のほうが成功確率は高いので（かつ努力すれば成果が出て「楽」なので）、**深化ばかりをやってしまい、探索をおろそかにする**ことです。

　2つ目は右図下の表にまとめたように、探索と深化ではやるべきことがまるで違うのです。そのため**必要な人材や価値観が異なります**。探索ではすべきことが深化ではしてはいけないことになり、両者を同じ仕組みでマネージしようとすると、どちらか（あるいは両方）が破綻するかもしれません。

「知の探索」「知の深化」の問題点と相違点

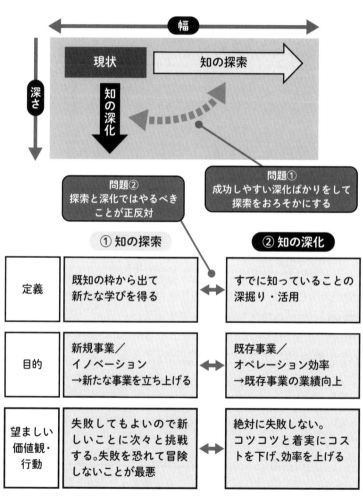

8

「知」と「イノベーション」

	① 知の探索	② 知の深化
定義	既知の枠から出て新たな学びを得る	すでに知っていることの深掘り・活用
目的	新規事業／イノベーション→新たな事業を立ち上げる	既存事業／オペレーション効率→既存事業の業績向上
望ましい価値観・行動	失敗してもよいので新しいことに次々と挑戦する。失敗を恐れて冒険しないことが最悪	絶対に失敗しない。コツコツと着実にコストを下げ、効率を上げる

※チャールズ・A・オライリー／マイケル・L・タッシュマン『両利きの経営：「二兎を追う」戦略が未来を切り拓く』（東洋経済新報社）および James G. March『Exploitation and Exploration in Organizational Learning』（Organization Science）を参考に筆者作成

06 / 本流がイノベーション を起こせない理由

イノベーションのジレンマ

イノベーションによって先発既存企業が後発企業に倒されるメカニズムを説明したのが「イノベーションのジレンマ」です。ハーバード・ビジネス・スクール教授のクレイトン・クリステンセンが提唱しました。

イノベーションは技術だけとは限らないのですが、ここでは技術を例にとって見ていきましょう（右図上）。

後発新技術は多くの場合、既存旧技術より性能で劣り、顧客のニーズも満たすことができません。そのため顧客には売れないし、既存旧技術を保有する既存企業は見向きもしません。

一方で、後発新技術は安い、小さい、シンプルといった利点をもっている場合が多いのです。後発新技術が改善を重ねて性能を向上させると、ある時点で顧客のニーズを満たすようになります。**その時点で顧客が大挙して既存旧技術から後発新技術に乗り換え、既存旧技術で事業を行っている既存企業が突然死する**というメカニズムです。

既存企業は決してさぼっているわけではない

興味深いことに、既存旧技術を有する既存企業は、多くの場合、後発新技術に気がついている、それどころか自社で後発新技術を開発しています。それにもかかわらず後発新技術に乗り換えず、その結果、後発の新興企業に倒されるのです。

後発新技術が発足した時点では、真面目にスタディすればするほど、合理的に考えれば後発新技術に乗り換えずに既存旧技術を深化させたほうがよいという結論になるからです（右図下）。**真面目な企業ほど足元をすくわれるメカニズム**といえます。

2つのイノベーションと
既存企業にできない理由

持続的イノベーションと破壊的イノベーション

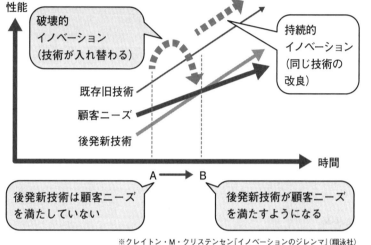

性能

破壊的
イノベーション
（技術が入れ替わる）

持続的
イノベーション
（同じ技術の
改良）

既存旧技術

顧客ニーズ

後発新技術

時間

A ― B

後発新技術は顧客ニーズ
を満たしていない

後発新技術が顧客ニーズ
を満たすようになる

※クレイトン・M・クリステンセン『イノベーションのジレンマ』(翔泳社)
を参考に筆者作成

8

「知」と「イノベーション」

なぜ既存企業は破壊的イノベーションができないのか

真面目に調査すればするほど
「後発新技術に投資しない」という結論になる

後発新技術が現れた時点（上図A時点）で市場／顧客調査を行うと……

●A時点では顧客ニーズを満たしていない
●顧客「こんな性能の悪いモノは使えないよ」
●後発新技術の市場はきわめて小さい
●しかも利益率が低い

後発新技術に投資する合理的理由がない

07 / 矛盾する「探索」と「深化」の両方を行う

両利きの経営

8-05、8-06 で見てきたように、探索と深化は相容れない面が多いため、既存事業を維持しつつ新規事業を育てて乗り換えるという変革はとても難しいのです。たとえば、デジタル化によりフィルム事業が消滅した際に、変革に失敗し破綻したのがコダック、変革をマネージし成長したのが富士フイルムです。

探索と深化の両方をマネージして企業として持続・成長しようという経営戦略が**両利きの経営**です（チャールズ・A・オライリーとマイケル・L・タッシュマンが提唱）。次の3点をマネージすることが重要とされています。

①**整合性**：事業がどの段階にあっても、❶勝つためには何をしなければいけないのか（成功のカギ）を見極め、そのために必要な❷人材、❸組織、❹文化を構築し、整合させます。この4つが整合していないと事業は機能しません。

②**ステージによって変える**：生物が新しい環境で「多様化→選択→維持」するように、事業を「探索→成長→深化」させ、そのステージごとに①の4つの要素を意識的・能動的に変えていきます。

③**両利きの経営**：そのうえで探索と深化の両方をマネージします。そのためには❶明確な全体戦略をもつこと、❷経営陣がフルにコミットすること、❸探索と深化のどこをきっぱり分けて、どこをつなげるのかを明確にすること、❹探索と深化の両方に共通なビジョン／価値観を醸成することがポイントです。この4つをやり抜く強力なリーダーシップが必要になります。

「両利きの経営」の
ポイント

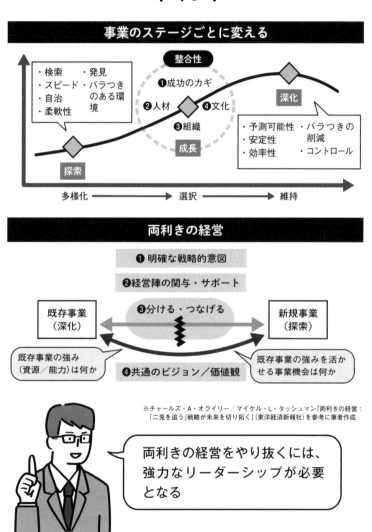

事業のステージごとに変える

- 検索　・発見
- スピード・バラつき
- 自治　のある環境
- 柔軟性

整合性
❶成功のカギ
❷人材　❹文化
❸組織

成長

深化

- 予測可能性・バラつきの削減
- 安定性
- 効率性　・コントロール

探索

多様化 ──────→ 選択 ──────→ 維持

両利きの経営

❶ 明確な戦略的意図

❷経営陣の関与・サポート

既存事業（深化）

❸分ける・つなげる

新規事業（探索）

既存事業の強み（資源／能力）は何か

❹共通のビジョン／価値観

既存事業の強みを活かせる事業機会は何か

※チャールズ・A・オライリー／マイケル・L・タッシュマン『両利きの経営：「二兎を追う」戦略が未来を切り拓く』（東洋経済新報社）を参考に筆者作成

両利きの経営をやり抜くには、強力なリーダーシップが必要となる

08 / 戦略は「学習」によって進化する

ダイナミック・ケイパビリティ

　個人・組織は新たに学習した知、新たに生み出した知を使って戦略を進化させるという側面をもっています。この動的に進化する能力が「ダイナミック・ケイパビリティ」です。

　変化が激しい VUCA の時代（**1-03** 参照）では、自ら学習して対応・進化する能力がますます重要になっていきます。ここでは組織が自ら学習し、進化するための代表的な理論を見てみましょう。

①オーバー・エクステンション：5-10 で戦略実行に必要な能力を構築すべきであると述べましたが、実は多少バーを高くして「背伸び（Over-extension）」をさせたほうが組織は自ら工夫し、学習して知を獲得します。そのため、意識的に背伸びする戦略のほうが組織のダイナミック・ケイパビリティは向上します。

② SECI モデルを回す：8-03 の SECI モデルはまさに、学習し知を生み出す行為をダイナミックに続けるプロセスです。このプロセスをスパイラルに回し続けることが重要です。

③感知→捕捉→転換： 機会や脅威を感知し、捕捉して、自分のものにする（転換する）ためのプロセスや仕組みを構築して実行します。**8-05** の「知の探索→知の深化」に近い考え方です。

④シンプル・ルール： 組織を過剰なルールで縛るのではなく、極端にシンプルなルールだけを決めて、あとは現場に自由にやらせたほうが組織は学習し、進化するという考え方です。ルールは❶少ないこと、❷カスタマイズしやすいこと、❸具体的であること、❹柔軟性をもっていることが重要です。

ダイナミック・ケイパビリティの 4つの理論

組織が自ら学習し、能力を身につけ、戦略・組織を進化させる

戦略・組織
（BEFORE）

→

戦略・組織
（AFTER）

8

「知」と「イノベーション」

組織が自ら学習し進化するためには……

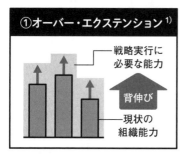

①オーバー・エクステンション[1]

- 戦略実行に必要な能力
- 背伸び
- 現状の組織能力

②SECIモデルを回す[2]

S　E
I　C

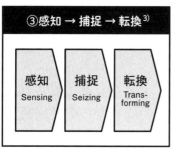

③感知 → 捕捉 → 転換[3]

感知
Sensing

捕捉
Seizing

転換
Trans-forming

④シンプル・ルール[4]

環境変化 → 対応・進化

シンプル・ルール
❶少ない
❷カスタマイズしやすい
❸具体性がある
❹柔軟性がある

1）伊丹敬之氏が提唱　2）野中郁次郎氏が提唱（8-03参照）　3）デビッド・J・ティースが提唱　4）キャスリーン・M・アイゼンハートが提唱

PART

9

「DX」と 「パラダイムシフト」

デジタル化によって産業構造や競争原理が根本的に変革しつつあります。まさに「DX（デジタルトランスフォーメーション）」という大きな変化が起こりつつあるのです。DXなどによるパラダイムシフトが起こると、企業の経営戦略も変わらざるを得ません。これからの企業経営はどう変わるか、一緒に考えてみましょう。

□「DX（デジタルトランスフォーメーション）」と「パラダイムシフト」が経営戦略の前提を覆す

□ デジタル化による「バリューチェーンの要素の入れ替え」が起きていること

□ 後発小企業が先発大企業を倒せる時代になった理由

□ これまで企業経営を支配してきた資本主義のパラダイムが変わりつつあること

□ パラダイム変化の代表例である「SDGs」「ESG」「CSV」

□ 新型コロナウイルスが企業戦略に与える影響

01 ／ バリューチェーンの入れ替え

既存の経営戦略の前提を覆す大変化

PART1〜8では経営戦略の代表的なコンセプトやフレームワークを解説しましたが、本書の最後に既存の経営戦略の前提を覆す可能性のある2つの大きな変化を見ていきましょう。「DX（デジタルトランスフォーメーション）」と「パラダイムシフト」です。

DXとは、経営戦略にとっては**「デジタル化により産業構造や競争原理が根本的に変革されること」**を意味します。一方、パラダイムシフトとは、**「社会全体の規範・価値観が劇的に変化すること」**です（科学史家のトーマス・クーンが提唱）。

2つとも現在起きている変化であり、筆者にも答えはありませんのでご注意ください。今までの章とは異なり、紹介する代表的なフレームワークなどもありません。本章は「問題提起」の章です。

デジタル化によって変化した「写真ビジネス」

デジタル化のビジネスへのインパクトを考える視点をいくつか紹介します。まずは**「バリューチェーンの要素の入れ替え」**です。

たとえば写真（右図）。バリューチェーン上のプレーヤーの代替（例：現像所が消えた）も重要ですが、それ以上にユーザーの行動が変わりました。撮影回数はスマホのカメラ化により以前の10倍以上になりました。また、「撮影後に即時に友人に送信する」「SNSにアップする」、あるいは「画像を自分で手軽に編集する」などです。

自社のバリューチェーンの構造・プロセス自体がデジタル化によりどう変わるのか、そのプラス・マイナスは何かを常に考えましょう。

デジタル化による 大きな変化

バリューチェーンの要素の入れ替え （例）写真

BEFORE

カメラ製造	届ける	撮影	現像	保存・鑑賞
・カメラ	・流通業者	・消費者	・現像所	・アルバム

AFTER

カメラ・スマホ製造	届ける	撮影	編集	送る・SNSにアップ	保存・鑑賞・破棄
・カメラ ・スマホ	・流通業者	・消費者	・アプリ ・PC ・タブレット	・ネットワーク ・SNS	・PC ・スマホ ・タブレット

印刷	保存・鑑賞
・プリンター	・アルバム

デジタル化によってユーザーの行動が変化

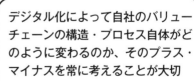

デジタル化によって自社のバリューチェーンの構造・プロセス自体がどのように変わるのか、そのプラス・マイナスを常に考えることが大切

9 「DX」と「パラダイムシフト」

02 ／ デジタル化による 「価値の鎖」からの解放

　デジタル化によるバリューチェーン（価値の鎖）へのもう1つの大きな影響は「鎖からの解放」です。以前はいったん構築したバリューチェーンの組み替えは困難でした。ところが、デジタル化により要素間の取引コスト、スイッチング・コストが劇的に下がったため、バリューチェーンがオープン化し、「レイヤー」（層）構造になりました。その結果、新しい戦略オプションが現れたのです。

①オープン化したバリューチェーン上で特化する：バリューチェーンのどこか1カ所に特化して強くなり、川下・川上はオープンになったバリューチェーン上の他のプレーヤーに任せるという特化戦略が可能になりました。たとえば、PC ではマイクロソフトは OS（ウィンドウズ）に特化しました。

②プラットフォームを構築する：結果として特化した部分をほぼ独占すると「プラットフォーム」と呼ばれますが、結果としてプラットフォームになるのではなく、最初から意識してバリューチェーンの他の多数のプレーヤーに乗ってもらうプラットフォームをつくるという戦略も可能になりました（Uber、Airbnb など）。

③エコシステムを構築する：企業群が共生しながら価値を提供するのがエコシステムです。プラットフォームはエコシステムの一形態ですが、この形態だけがすべてではありません。分散型テクノロジーが進化すれば、全体をコントロールするプラットフォーマーなしのエコシステムが現れるかもしれません。なお、GAFA（Google、Amazon、Facebook、Apple）がプラットフォーマーとして利益と情報を半独占していることに対する危惧が指摘されていますが、分散型のエコシステムに代替される可能性もあるでしょう。

「レイヤー化」→「プラットフォーム」→ 「エコシステム」

- バリューチェーンは簡単に外せない「鎖」だった
- スイッチング・コスト、取引コストが大きかった

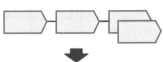

- デジタル化により、取引コスト、スイッチング・コストが激減
- 「鎖」がゆるむ

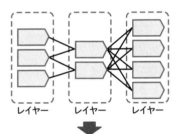

レイヤー　　　レイヤー　　　レイヤー

- プレーヤーの組み替えが容易になる
- バリューチェーンのオープン化 → レイヤー化
- 自社の強みのあるところに特化して、残りは他のプレーヤーに任せる（自分でやらない戦略）

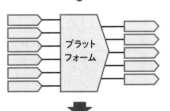

- 「プラットフォーマー」になる
- 多くの場合、両側（あるいは3つ以上のグループ）に価値を提供する「マルチ・サイド・プラットフォーム」になる
- 小規模プレーヤーの参画が容易になる

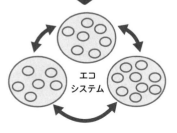

- エコシステムでは、プラットフォーマー（中心で全体をコントロールするプレーヤー）は必ずしも必要とされない？
- 完全分散型を可能とするテクノロジーの出現（例）ブロックチェーン

9

「DX」と「パラダイムシフト」

03 ／ 後発小企業が先発大企業を倒せる時代

技術進化により低コスト・高効率が実現

　産業革命は大型設備をつくり集中生産して、コスト低下と効率向上を実現するという「大企業モデル」を生み出しました。

　その後の技術進化により小規模でも低コスト・高効率を実現できるようになり、右図のように分散して手元にある小規模設備の利用が増えました。さらにデジタル化により分散している資源を安価につなぐことが可能になりました。

UberやAirbnbが成功例

　その結果、以前は不可能だった**「小規模分散資源の組織化」**が可能になりました。古くはウィキペディア、最近では Uber や Airbnb がその例です。

　重要な示唆は「大企業による大規模先行投資」という勝ちパターンが崩れたことです。Uber と Airbnb は世界最大のタクシー会社・ホテル会社ですが、自社でタクシー・部屋を所有していません。**資源をもたない後発の小企業が分散小資源を組織化して先発大企業を倒す**ことが可能になり、ビジネスの可能性が広がりました。

　ちなみに、2000 年代初頭にウィキペディアが既存の百科事典を凌駕したときに「同じことが我が業界でも起きるかもしれない」と気がついたタクシー会社、ホテル会社があったでしょうか？　人間の想像力がいかに貧困かという事例です。

　「他業界だから関係ない」では済まされません。むしろ**異業種で起こっていることにイノベーションの示唆があるはず**です。

Uber、Airbnbが台頭してきた意味

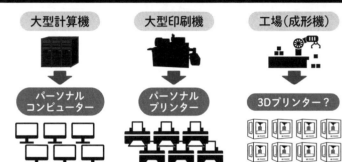

「大規模集中」から「小規模分散」へ

大型計算機	大型印刷機	工場（成形機）
↓	↓	↓
パーソナルコンピューター	パーソナルプリンター	3Dプリンター？

9

「DX」と「パラダイムシフト」

小規模分散資源の組織化

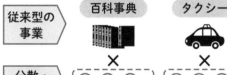

従来型の事業	百科事典	タクシー	ホテル
	×	×	×
分散・小資源・流動的	○○○○	○○○○	○○○○
組織化	ウィキペディア	Uber	Airbnb（エアビーアンドビー）

資源をもたない後発の小企業が分散小資源を組織化して先発大企業を倒すことが可能になった

04 / 「すり合わせ型」と 「組み合わせ型」

日本企業に多い「すり合わせ型」ビジネス

　ビジネスの構造（アーキテクチャー）は、大きく次の2つに分かれます。

- **すり合わせ型（インテグラル）**：自動車のように、各要素を調整しないと全体として機能しないタイプ
- **組み合わせ型（モジュラー）**：パソコンのシステムのように、各要素間の調整がなくても全体として機能するタイプ

　これは、藤本隆宏氏によって提唱され、もともとは製品と部品の関係から生まれた概念ですが、エコシステムのように複数のプレーヤーが協調する場合にも応用できます。

　すり合わせ型ビジネスは、**プレーヤーが密に相談して全体をつくるため、協調性が重要**です。自動車は協調性が重要なすり合わせ型製品なので、日本企業が強いといわれてきました。また、対面のコミュニケーションで暗黙知（**8-02** 参照）を共有することが重要なので、同じ場所に集まります。自動車メーカーと自動車部品のサプライヤーは多くの場合、同じ地域に立地します。

デジタル化で変わりつつある「すり合わせ型」

　デジタル化によってすり合わせ型ビジネスに大きな変化が起こっています。1つは、**すり合わせ型ビジネスの組み合わせ型化**です。自動車も電気自動車になることで組み合わせ型に移行しつつあります。

　もう1つは、同じ場所にいないと機能しにくいと思われていたすり合わせ型ビジネスが、**デジタル化によりグローバルに遠隔地同士でも可能になった**ことです。

「すり合わせ型」「組み合わせ型」の構造

2つのビジネスタイプ

	すり合わせ型（Integral）	組み合わせ型（Modular）
例		
アーキテクチャー（全体の構造）	●各要素間を調整しないと「全体」の性能が出ない ●要素間のつなぎ方は明示的に決まっていない 	●インターフェースが標準化→要素間の調整が不要 ●各要素が相談なく独立につくってもつながり、全体が機能する 

デジタル化のすり合わせ型ビジネスへのインパクト

		影響	例
すり合わせ型ビジネス	デジタル化	組み合わせ型に移行？	●従来の自動車：すり合わせ型 ●電気自動車：組み合わせ型？
		遠隔地同士でも可能に？	●従来の自動車：メーカーとサプライヤーが同じ地域に集まる ●オープンソース（例）Linux すり合わせ型だが世界各地に分散

※藤本隆宏『能力構築競争：日本の自動車産業はなぜ強いのか』（中公新書）を参考に筆者作成

9 「DX」と「パラダイムシフト」

05 / 企業を支配してきた資本主義のパラダイム

18世紀に確立した現代のパラダイム

　産業革命による大企業モデルと同時に生まれたのが資本主義のもとでの市場経済です。

　右図は経済学の需要・供給曲線です。供給者（企業）は利己的な利潤の最大化、需要者（消費者）は利己的な効用（満足度）の最大化をそれぞれ追求しても、社会が最適点に均衡するという考え方です。

「利潤」と「効用」の追求が社会をよくする？

　これが画期的だったのは、**世のため人のためではなく、企業も個人も自分の利己的な利益を追求してもよい**とされた点です（それ以前は共同体の利益よりも自分の利益を優先することは悪でした）。

　よい暮らしをしたいという個人の欲求が、よりお金を稼ぎたいという欲求になり、労働力が生まれます。よい暮らしをしたいという個人の欲求が、利潤の最大化・成長という企業の目標と重なり、企業はよりよい製品・サービスを開発して提供します。

　より多くを所有・消費したいという個人の欲求が、需要を大きくします。大きくなった需要に対応して企業が成長し、多くの雇用を生んで人々を豊かにします。豊かになった人々はさらに多くを消費するという好循環です。

　したがって、資源や製品の大量消費（浪費？）は「善」になります（それ以前は希少な資源を浪費することは悪でした）。**企業の儲けたいという欲求、個人の豊かになりたいという欲求（欲望？）は「善」であり、それこそがイノベーションや成長の原動力**なのです。現代の企業経営はこのパラダイムのもとに行われてきました。

資本主義下での企業の利潤と個人の効用の最大化

18世紀に確立した現代のパラダイム

産業革命

大量生産、低コスト生産

↓

大量販売

資本主義／市場経済

お互い利己的なのに……

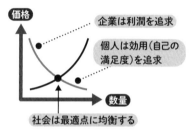

- 企業は利潤を追求
- 個人は効用（自己の満足度）を追求

社会は最適点に均衡する

今までのパラダイム

行うべきこと

企業	個人	
利潤の最大化	効用（自己の満足度）の最大化	どちらも利己的な利益追求をしているのに社会は最適点に均衡する
↓	↓	
競争に勝つためにさらによいものを提供 （例）靴→自転車→バイク→自動車を提供	よりよい暮らしを求めてさらによいものを求める （例）徒歩→自転車→バイク→自動車が欲しい	個人の欲望（ニーズ）と企業の利益追求がイノベーションを起こし、社会をよくする
大量生産・大量販売 ・成長、利潤最大化のため	大量消費 （例）服は1着ではなく10着もつ。どんどん買い替える	・消費はよいこと 消費が増える →事業が成長 →雇用創出 →個人が豊かになる →さらに消費

9

「DX」と「パラダイムシフト」

06 ／ パラダイムの転換と DXの台頭

資本主義のパラダイムの行き詰まり

　近年、資本主義による企業の成長、消費者の大量消費というパラダイムは資源の枯渇や気候変動など地球環境の悪化を招くという問題を引き起こしています。

　さらに日本が先行している人口減少に伴い、経済規模も縮小するかもしれません。また、多くの人が経済的利益を超えた価値観で意思決定・行動するようになりつつあります。

DXによって企業経営に変革が起きる

　このような行き詰まりに、**DX によるイノベーション**という明るい材料が加わって、企業経営のパラダイムに大きな変革が起きつつあります。

　右図下に変革の方向性を示しました。すべてを説明はしませんが、たとえば、**近年は大企業よりもスモール／ベンチャー・ビジネスのほうがイノベーションを起こす**といわれています。大企業万能時代の終焉を迎えるかもしれません。

　また、自己の「物欲」で大量消費する消費者という前提も変わりつつあります。**「所有せずにシェアする」「金銭以外の価値をより重要視する」「自己利益よりも社会の利益を大切にする」**など、すばらしい新規事業機会が生まれる素地が整いつつあります。

　さらに**技術進化により「生産者対消費者」という構造も崩れつつあります**。たとえば、執筆したものを出版社を介さずに直接ネットにアップして販売することも可能になりつつあります。消費者が企業を頼らずに自らが「生産者」になる新しい可能性が生まれつつあるのです。

DXとパラダイム・シフトが
ビジネスの前提を変えつつある

資本主義／消費社会の行き詰まり

- 資源の枯渇
  ▷ 水、食糧、エネルギーなど
- 環境問題
  ▷ 気候変動、大規模山火事、大気汚染など
- 成長の鈍化
  ▷ 人口減少 → 経済の縮小？
- 価値観の変化
  ▷ 物欲 → 自己実現

DX（デジタル改革）、新しいテクノロジー

- インターネット
- IoT
- ビッグデータ
- ブロックチェーン
- AI（人工知能）
- バイオテクノロジー
- 3Dプリンター
- ドローン　など

9

「DX」と「パラダイムシフト」

ビジネスへのインパクト

今まで	新しいパラダイム下では
集中	分散
大企業	スモール／ベンチャー・ビジネス
契約による協業	オープン・コラボレーション
所有	シェア
私利	コミュニティの利益
金銭的・物理的目標	非金銭的・精神的目標
Producer vs. Consumer（生産者 ≠ 消費者）	Prosumer（生産者 = 消費者）

07 ／ 「脱資本主義」の 経営が生まれつつある

　資本主義的企業経営には、以下のような原則がありますが、前項のような背景により、今までの資本主義では考えられない企業経営が現れつつあります。たとえば、ウィキペディアです。

①営利企業のほうがよりよいサービスを提供できる：ところが、非営利団体であるウィキペディアが従来の百科事典を凌駕しました。

②貨幣による財・サービスの交換がベストである：人間・企業の原動力は経済的利益、すなわちお金であるという前提です。無料のサービスは品質が低い、無料で働いてくれる人は質が低く、いつでも辞めてしまうので当てにならない。お金を払ってこそ事業が機能するという考え方です。ところが、ウィキペディアの執筆者は無料で執筆し、利用者も無料で利用しています。

③消費者には所有欲がある：人間の所有欲が需要を生み出すという前提です。ところが、我々はウィキペディアを購入して所有しているわけではありません。自家用車のような、ステータスの象徴と思われていた商品ですら、シェアリングが増えています。

④生産者と消費者は別の主体である：前項でも触れたように、この前提も崩れています。我々はウィキペディアを利用できますが、自分が詳しいトピックであれば加筆修正できるのです。したがって、読者であると同時に執筆者です。

　資本主義こそがイノベーションを起こし、よりよいサービスを生み出すはずですが、資本主義の原則から逸脱しているウィキペディアがイノベーションを起こして既存の百科事典を凌駕したのです。

従来の百科事典を凌駕した
ウィキペディア

	今までの百科事典 （資本主義下での企業）	ウィキペディア
利潤	営利企業 ●利潤の最大化が最適社会を 　つくる	営利企業ではない ●それにもかかわらず、 　高品質
管理	集中管理 ●企業が集中して執筆者を 　「管理」	分散・ゆるい管理 ●不特定多数の執筆者
貨幣	貨幣による価値の交換 ●執筆者にお金を払う ●顧客は百科事典を「購入」する	貨幣を介さない価値提供 ●執筆者は無償で執筆 ●利用者は無償で利用
所有	所有 ●私有財産 ●百科事典を購入して「所有」する	利用・シェア ●共有財産 ●所有しないで利用
生産と 消費	生産者 ≠ 消費者 ●企業が百科事典を「生産」 ●顧客が「消費」	生産者 ＝ 消費者 ●利用するし、執筆もする

9

「DX」と「パラダイムシフト」

資本主義の原則から逸脱している
ウィキペディアが
イノベーションを起こした

08 / 見直されている企業の「存在意義」

パラダイム変化の象徴「SDGs」「ESG」「CSV」

　企業は利潤最大化のため、個人は効用の最大化のために行動するというパラダイムが変わりつつあります。ここでは3つの代表的な動きを紹介します。

① **SDGs（Sustainable Development Goals：持続可能な開発目標）**：貧富の格差、資源枯渇、環境破壊など、今までの資本主義は持続可能ではないという危機感から、国際連合が提唱した17の目標。多くの企業がこの目標の達成に向けて行動するようになりました。

② **ESG 投資**：今までの投資機関は企業の業績や財務状況をもとに投資する企業を決めていましたが、それに加えて環境（Environment）、社会（Social）、企業統治（Governance）の観点から投資の意思決定を行う投資機関が増えています。そのほうが長期的・安定的なリターンが見込めるという前提です。

③ **CSV（Creating Shared Value：共通価値の創造**：企業は事業を通じて経済的価値と社会的価値の両方を同時に創造すべきである、という考え方です（マイケル・ポーターが提唱）。従来のCSR（Corporate Social Responsibility）では企業は利益の一部を社会貢献に使うべきであると考えられていましたが、CSVでは事業そのものが利益を上げつつ社会に貢献しなければいけないと考えます。これを受けて、社会問題を営利事業で解決する「ソーシャルビジネス」が誕生しつつあります。

企業の存在意義を変える 3つのパラダイム

① 国連のSDGs (Sustainable Development Goals)

出所：国際連合広報センター「持続可能な開発2030アジェンダ」

② ESG投資

従来の 投資基準		ESG投資基準		長期・ 安定した リターン
業績 財務状況	+	環境　Environment 社会　Social 企業統治　Governance	➡	

③ CSV (Creating Shared Value)、ソーシャルビジネス

従来の考え

利益を上げて……

一部を社会
貢献に回す

CSV：本業で利益を上げて社会貢献する

社会的価値の創出

		NO	YES
経済的 価値の 創出	YES	従来の企業	CSV企業、 ソーシャルビジネス
	NO		行政、NPO

09 / パラダイムシフトで戦略が根本から変わる

「資本主義」は終わろうとしている？

　以上のように、200〜300年に一度起きるか起きないかというパラダイムシフト（大きな価値観の転換）が起こりつつあるという見方もありますが、現時点では定かではありません。

　これは教科書的な答えのないテーマです。まさに皆さん一人ひとりが考えるべきことです。

　資本主義自体に大きな見直しがなされるなどあり得ないと思う人もいるかもしれませんが、実は**資本主義自体もたかだか200〜300年前に確立した新しいパラダイムで、それ以前はほぼ正反対のパラダイムのもとで社会・経済が機能していた**のです（右図）。

原則・前提が180度変わる

　資本主義以前は、小規模分散の小さな村単位での自給自足型経済、すなわち自分で生産して自分で消費する形がむしろ普通でした。

　また、財産の多くは共有財産で、私有財産という概念は希薄でした。村の都合を無視して自己利益を追求するのは悪であり、村八分という制裁を受けたのです。資源も大切に使い、浪費（大量消費）は悪でした。

　ここでもう1度パラダイムシフトが起きてもおかしくはありません。そうなれば、**企業戦略の根本原則が変わる**でしょう。

　どのような方向で変わっていくのかはわかりませんが、可能性としての方向性を右図下にまとめました。うまく対応すれば大きなチャンスになるでしょう（逆に、過去の成功にしがみつく企業にとっては脅威にもなりますが……）。ぜひ、皆さん自身が考え続けてください。

これまでのパラダイムの変遷とこれから

封建主義経済

- 小規模・分散型
- 自立型
- 自給自足
  （生産者＝消費者）
- 共有財産
- コミュニティの利益優先
- 資源を大切に

産業革命 →

資本主義・市場経済

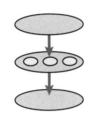

- 集中化・大型化
- 分業・特化
- 生産者 ≠ 消費者
- 私有財産
- 私的利益の追求
- 資源の大量消費

デジタルトランスフォーメーション →

？

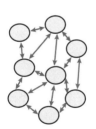

- 小規模・分散型？
- オープン・コラボレーション？
- Prosumer？
  （生産者＝消費者？）
- シェアリング・エコノミー？
- 自己実現？ コミュニティへの市民としての貢献？
- 地球にやさしい（環境）？

次のパラダイムシフトが起きたら、企業戦略の根本原則が変わることになる

9

「DX」と「パラダイムシフト」

10 ╱ 新型コロナウイルスの企業戦略への影響

安全性にシフトする企業

　最後に補足として本書の執筆時点で猛威を振るっている新型コロナウイルス（COVID-19）の影響を経営戦略の観点から考えてみましょう。

　まずは**効率性と安全性のトレードオフの再考**です。企業は効率性と安全性のトレードオフの間で自社の立ち位置を決めていきます。今回のような想定外の不確実性を受けて、立ち位置をやや安全性にシフトする企業も増えていくでしょう。

事業の本質を見つめ直す機会に

　それ以上に重要なのは新型コロナウイルスを受け、**自社の事業の本質は何かを真剣に見極める必要が出てきた**ことです。たとえば、外食産業では売上が減少しました。外食企業は「なぜ顧客は食べに来てくれていたのだろう？　我々の提供価値は何だったのだろう？」と事業の本質を考えざるを得ない状況に追い込まれました。

　たとえば「自炊を超える美味しい食事」が価値だったのかもしれません。そうであれば、その価値をデリバリーで顧客の自宅に提供してもよいはずです。多くの外食企業は止むに止まれずデリバリーを始めたのかもしれませんが、実はこれは自社の提供価値を再考した「新事業」であり、今まで中食・内食に奪われてきた顧客を逆に奪っているとポジティブに考えることもできます。

　本来の事業の本質が浮き彫りになった結果として企業が戦略を変えるのであれば、新型コロナウイルスが収まっても企業戦略は元通りの「ノーマル」には戻らないでしょう。いわゆる**「ニュー・ノーマル」への移行**です。

自社の事業の「本質」とは何か？

効率性と安全性のトレードオフの再考

効率性 ←→ 安全性

企業(例)	グローバルで最適な単一のサプライ・チェーンを構築？	サプライ・チェーンの複線化？国内サプライ・チェーンも確保？
国家(例)	自国は優位性のある産業に特化し、残りは国外に任せる？	安全保障を重視して国内に産業を確保する？

ビジネスの「本質」の真剣な見極め

（例）新型コロナウイルス で外食産業の売上が減少

↓

外食の価値の本質は何か？

- ●自炊を超える美味しい食事？ ⎫
- ●自炊の手間なしに食事？ ⎬ → デリバリーで提供可能？
- ●快適な雰囲気で食事？
- ●友人、仕事仲間などとの社交？

↓

新しい価値提供？

中食	外食	内食（家）
今までは攻撃されてきた	イートイン →	← 外食並みの美味しい食事
今後は攻撃する？	← デリバリー	EC販売 →

9

「DX」と「パラダイムシフト」

おわりに

　最後までお読みいただきありがとうございました。本書は経営戦略のフレームワークを体系的に紹介した入門書です。最後に本書の正しい使い方について述べさせてください。

　フレームワークは正しく使えば役に立つ道具です。たとえば、3C（**4-14** 参照）を見てみましょう。「成功したのは自社の努力の結果である」と安住するのは危険ですね。3C というフレームワークを知っていれば、ビジネスは自社、顧客、競合の3者の総合的な関係で決まるため、「自社が頑張った」だけではないことに気づくことができます。

　一方、「3つの C に目を光らせていればすべてがわかる」と思い込んでしまうのが、**フレームワークの罠**です。近年は 3C のどれにも当てはまらない第4の C（Collaborator：協力業者）の存在が重要になっています。3C が万能のフレームワークだと思い込んでいると「協力業者」を見落としてしまうのです。

　したがって、フレームワークを使う際には、ぜひ以下の点に気をつけながら活用してください。

・網羅的な「チェックリスト」だと思い込まない。場合によっては重要な何かが漏れている可能性がある
・いつも成り立つ「法則」だと思い込まない。ある条件を満たした場合に成り立つことが多い、といっているだけなので、実務ではその条件を満たしているのかを必ず確認する
・あくまで「代表的な」視点を提供しているだけである。どのような視点が重要なのかはケース・バイ・ケースで異なる

万能の道具だと思って丸暗記して使うと、かえって害を及ぼすのが
フレームワークです。道具とは使うものです。道具に使われないでください。

　さて、皆さんは本書を読むという「投資」を行いました。投資に対する「リターン」を得るためのネクスト・ステップは何でしょうか？いくつかのアクションが考えられます。

①多くを学んだことはよいのですが、学んだ前と後で具体的な行動が何も変わらなければ意味がありません。明日から具体的に何を変えるのかを考え、実行することをおすすめします。
②本書は入門書としてフレームワークを紹介していますが、「なぜそうなのか」という背景にある理論までは説明しきれていません。理論を学びたい方には、ぜひ理論書を読むことをおすすめします。
③本書はあくまで入門書です。各論を詳しく知りたい方のために巻末に「推薦図書リスト」を載せました。興味のある方はぜひ勉強を続けてください。

　本書をきっかけに読者が正しい経営戦略を立案・実行し、結果を出すことができれば執筆者として本望です。

著　者

「さらに学びたい人」のための推薦図書リスト

※日本語訳がある場合、原書は割愛した

経営理論全般

・入山章栄『世界標準の経営理論』ダイヤモンド社、2019 年

思考法

・内田和成『仮説思考』東洋経済新報社、2006 年
・内田和成『論点思考』東洋経済新報社、2010 年
・内田和成『右脳思考』東洋経済新報社、2018 年

ポジショニング・ビューの戦略

・マイケル・E・ポーター『競争の戦略』ダイヤモンド社、1982 年
・マイケル・E・ポーター『競争優位の戦略』ダイヤモンド社、1985 年

リソース・ベースト・ビューの戦略

・ゲイリー・ハメル／ C. K. プラハラード『コア・コンピタンス経営：未来への競争戦略』日経ビジネス人文庫、2001 年
・ジェイ・B・バーニー『企業戦略論』ダイヤモンド社、2003 年

ブルー・オーシャン戦略

・W・チャン・キム／レネ・モボルニュ『[新版] ブルー・オーシャン戦略：競争のない世界を創造する』ダイヤモンド社、2015 年

その他の競争戦略論

・楠木建『ストーリーとしての競争戦略：優れた戦略の条件』東洋経済新報社、2010 年

シナリオ・プランニング

・西村行功『シナリオ・シンキング：不確実な未来への「構え」を創る思考法』ダイヤモンド社、2003 年

ゲーム理論ベースの戦略

・バリー・J・ネイルバフ／アダム・M・ブランデンバーガー『コーペティション経営』日本経済新聞出版、1997 年

全社戦略

・菅野寛『全社戦略がわかる』日本経済新聞出版、2019 年

戦略の実行

・トム・ピーターズ／ロバート・ウォータマン『エクセレント・カンパニー』講談社、1983 年
・菅野寛『経営の失敗学』日本経済新聞出版、2014 年

ビジネスモデル

・アレックス・オスターワルダー／イヴ・ピニュール『ビジネスモデル・ジェネレーション：ビジネスモデル設計書』翔泳社、2012 年

知のマネジメント、イノベーション

・野中郁次郎／竹内弘高『知識創造企業』東洋経済新報社、1996 年
・チャールズ・A・オライリー／マイケル・L・タッシュマン『両利きの経営：「二兎を追う」戦略が未来を切り拓く』東洋経済新報社、2019 年
・クレイトン・クリステンセン『イノベーションのジレンマ／増補改訂版』翔泳社、2001 年
・デビッド・J・ティース『ダイナミック・ケイパビリティ戦略：イノベーションを創発し、成長を加速させる力』ダイヤモンド社、2013 年
・キャスリーン・M・アイゼンハート／ドナルド・N・サル『SIMPLE RULES：「仕事が速い人」はここまでシンプルに考える』三笠書房、2017 年

パラダイムシフト、DX、CSV

・ジェレミー・リフキン『限界費用ゼロ社会：〈モノのインターネット〉と共有型経済の台頭』NHK 出版、2015 年
・根来龍之『プラットフォームの教科書』日経 BP、2017 年
・名和高司『CSV 経営戦略：本業での高収益と、社会の課題を同時に解決する』東洋経済新報社、2015 年

菅野 寛（かんの ひろし）
早稲田大学大学院経営管理研究科（早稲田大学ビジネススクール）教授。
東京工業大学工学部卒。同大学院修士課程修了。㈱日建設計に勤務後、
米国カーネギーメロン大学にて経営工学修士取得。その後、ボストン
コンサルティング グループ（BCG）にて十数年間、日本およびグロー
バル企業に対してさまざまなコンサルティング・サービスを提供。BCG
テクノロジー、メディアおよびテレコミュニケーション専門部会のアジ
ア／パシフィック地区リーダーを経て、2008年より一橋大学大学院国
際企業戦略研究科教授。2016年より現職。2018年より早稲田大学ビジ
ネス・ファイナンス研究センター所長。数社の社外取締役、社外監査役
を歴任。
主な著書：『BCG流 経営者はこう育てる』『経営の失敗学』（日経ビジネ
ス人文庫）、『BCG経営コンセプト 構造改革編』（東洋経済新報社）、『全
社戦略がわかる』（日本経済新聞出版）等。

MBAの経営戦略が10時間でざっと学べる

2020年11月27日　初版発行
2024年11月15日　4版発行

著者／菅野 寛

発行者／山下 直久

発行／株式会社KADOKAWA
〒102-8177　東京都千代田区富士見2-13-3
電話 0570-002-301（ナビダイヤル）

印刷所／TOPPANクロレ株式会社

●お問い合わせ
https://www.kadokawa.co.jp/（「お問い合わせ」へお進みください）
※内容によっては、お答えできない場合があります。
※サポートは日本国内のみとさせていただきます。
※Japanese text only

定価はカバーに表示してあります。